新潮新書

松尾千歳
MATSUO Chitoshi

秀吉を討て

薩摩・明・家康の密約

964

新潮社

プロローグ

京都の学僧藤原惺窩《せいか》（一五六一～一六一九）は、中国文化に強いあこがれを抱き、朱子学を極めようと中国渡海を決意し、文禄《ぶんろく》五年（慶長《けいちょう》元・一五九六）、渡海の窓口となっている島津氏の領国薩摩（島津氏の領国は薩摩国だけでなく大隅国や日向国も含むが、ここでは当時の慣例に従い総称して「薩摩」と記す）を訪れた。この時、彼が見聞・体験したことを記した日記が一部残っている。『南航日記《なんこうにっき》残簡《ざんかん》』である。

この日記によれば、惺窩は六月二十八日に京都を出発し、瀬戸内海を通り、豊後（大分）を経て、七月十三日早朝、大隅半島の内之《うちの》浦《うら》（現鹿児島県肝付《きもつき》町）に着いた。宿舎に提供された船頭弥二郎の父浄感宅に向かうと、昼には、浄感の嫡子（弥二郎の兄か）が「勝酒《しょうしゅ》（焼酎）」「異域珍肴《ちんこう》」を携えて訪ねてきた。彼は前年にルソンに行っており、惺窩は彼が話す異国の様子に耳を傾けながら数時間も酒を酌み交わしている。そして、日本が狭隘《きょうあい》で、世界が至大《しだい》であることに驚くとともに、視野を世界に広げるべきであることを痛感させられた。なお、この時用いた盃は「ルソン瑠璃盞《るりさかずき》（ガラスの盃）」であった。

夕方には内之浦の港津《こうしん》役人の竹下宗意が訪ねてきた。彼が持参したのは「菓子・マクワ瓜《うり》・葡萄《ぶどう》勝酒」であった。「葡萄勝酒」はおそらくワインであろう。宗意は琉球《りゅうきゅう》（沖縄）とひんぱんに行き来しており、妻子は琉球に住んでいるという。翌日には宗意の家臣と思われる彦右衛門がルソンと琉球を行き来した際の記録を持参し、星を見て方角を知る方法などを語って聞かせた。翌々日には彦右衛門が世界図を持ってきたが、惺窩は蛮人（ヨーロッパ人）が描いたもののようだと推測している。

十六日には内之浦にいた明人が訪ねてきて話をし、十七日には鐘鼓《しょうこ》・鉄砲を打ち鳴らし入港する唐船を目の当たりにしている。翌十八日には内之浦を発ち、北にある波見《はみ》（現肝付町）に行ったが、ここにも唐船が停泊していた。この船は泉州《せんしゅう》（福建）の吾我洲《ごがしゅう》という商人の船で、波見からルソンに向かう所であった。惺窩は我洲と筆談し、「蜜漬《みつづけ》の天門冬《てんもんどう》・梨実・冬瓜《とうがん》等の珍肴」をつまみに蛮酒を酌み交わしている。

その後、惺窩は高須《たかす》（現鹿屋市）・山川《やまがわ》（現指宿《いぶすき》市）・鹿児島・浜之市《はまのいち》（現霧島市）・庄《しょう》

内之浦（現鹿児島県肝付町）

内《ない》（現宮崎県都城《みやこのじょう》市）などを廻った。これらの所では外国船・外国人に関する記述はあまり見られないが、いなかったわけではない。薩摩では外国船が海に浮かび、外国人が町を歩き回る、海外に渡ろうとする日本人が各地から集まってくるという光景が当たり前であった。惺窩もこうした光景を見慣れてしまい、日記に記さなくなっただけであろう。

　惺窩の日記は八月七日で途切れている。八月中頃に中国を目指して出航したようだが、ただその船は嵐にあって鬼界ヶ島《きかいがしま》（硫黄島、現鹿児島県三島村）に漂着、惺窩は中国渡海を断念し京都に戻った。そして京都で、朝鮮人被虜《ひりょ》の儒学者姜沆《カンハン》と知り合い、彼の助けで朱子学の奥義を究めて京学派を興し、林羅山《はやしらざん》ら大勢の人材を育成した。

　京都の一流の文化人で、中国文化に強いあこがれを抱いていた惺窩は、中国や海外の情勢・文化に関し、一般的な日本人よりはるかに豊富な知識を身に着けていたであろう。その惺窩ですら、京都では想像もできなかったような驚くべき光景が薩摩の地では眼前に広がっていた。このように、南九州など環東シナ海域においては、国への所属や国境にとらわれない人たちが盛んに活動していた。南九州から琉球、そして中国大陸・ルソンなどに伸びた海上交易路は、多くの人・物資が行き交っていたのである。それは日本軍と明・朝鮮軍が戦っていた朝鮮出兵の最中も不変であった。そして、こうした交易に紛れて、とんでもない計画が進められていた。それは島津と明が手を組んで秀吉を討つというものであった。

秀吉を討て――薩摩・明・家康の密約　目次

第一章　豊臣政権と朝鮮出兵

乱世の時代

日本の他地域とやや異なる薩摩の状況、薩摩島津氏と明との合力計画について述べる前に、まず一般的に語られる日本の戦国期の歴史をおさらいしておこう。

嘉吉《かきつ》元年（一四四一）、六代将軍足利義教《よしのり》（人名は時代により変わることが多いが、一般に知られている名で記す。以下同）が、播磨《はりま》・備前《びぜん》・美作《みまさか》国守護の赤松満祐《あかまつみつすけ》に殺されるという前代未聞の大事件が発生した（嘉吉の乱）。この事件を機に、幕府・将軍の権威は急速に衰退していった。またこの頃、地方でも鎌倉府が古河公方《こがくぼう》と堀越公方《ほりごえくぼう》に分裂し、九《きゅう》州探題《しゅうたんだい》も中国・九州北部を支配する大内氏によって傀儡《かいらい》化され、幕府機関が有名無実化して日本国内は混沌とした状況に陥り始めていた。

こうした状況下、応仁《おうにん》元年（一四六七）、八代将軍足利義政《よしまさ》の後継者を巡る争いをきっかけに応仁の乱が勃発した。これに管領《かんれい》畠山《はたけやま》・斯波《しば》両家の後継者問題、さらに畿内・四国を勢力基盤とする管領細川勝元《ほそかわかつもと》と、播磨・因幡《いなば》・伯耆《ほうき》・但馬《たじま》などを支配する山名宗全《やまなそうぜん》の対立などがからんで複雑化・深刻化し、十一年もの間戦乱が続くことになった。そして戦乱は地方にも波及し、各地で争いが繰り返されるようになった。戦国時代の幕開けである。

また、明応《めいおう》二年（一四九三）には、管領の細川政元《まさもと》が十代将軍足利義稙《よしたね》を廃し、義澄《よしずみ》を将軍に据えて幕府の実権を握った。その義澄は中国地方の有力大名大内義興《おおうちよしおき》に追放され、義稙が返り咲いたが、細川高国《たかくに》（政元養子）によって再び京都から追われた。この様に、将軍は管領細川氏や大内氏らのあやつり人形のような存在となり、さらには京都を追われ、各地を流浪するような状況も生じた。また、幕府の実権を簒奪《さんだつ》した細川氏もやがて家臣の三好《みよし》氏らに取って代わられ、大内氏は家臣の陶《すえ》氏によって滅ぼされた。身分が下位の者が上位の者に取って代わる「下剋上《げこくじょう》」の時代で、幕府を中核とする政治体制は崩壊寸前の状況に陥り、幕府につらなる守護大名らは次々と没落していった。代わって中央政権の呪縛から解き放たれた大名・国人領主たちが、各地で離合集散《りごうしゅうさん》・合従《がっしょう》連衡《れんこう》を繰り返し、それぞれが勢力の維持・拡大を目指した。

その結果、十六世紀後半には、尾張《おわり》の織田《おだ》、駿河《するが》の今川《いまがわ》、畿内の三好、甲斐《かい》の武田《たけだ》、越後《えちご》の上杉、関東の北条《ほうじょう》、越前《えちぜん》の朝倉《あさくら》、中国の毛利《もうり》、土佐《とさ》の長宗我部《ちょうそかべ》、薩摩《さつま》の島津《しまづ》など、各地に戦国大名が割拠するような状況となった。

このような状況からまず織田信長が飛び出してきた。永禄《えいろく》三年（一五六〇）桶狭間《おけはざま》合戦で今川義元を討ち取った信長は、三河の松平元康（徳川家康）と手を結び勢力を拡大。永禄十年、美濃《みの》斉藤《さいとう》氏の居城稲葉山《いなばやま》城を攻略し、これを岐阜城と改めて居城とし「天下《てんか》布武《ふぶ》」の朱印を使い始めた。天下統一を目指すことを表明したのである。そして永禄十一年、足利義昭《よしあき》を奉じて入京し、義昭を将軍に据え幕府再興を果たした。

しかし、義昭は権限を制限する信長の対応に不満を抱き、密かに武田信玄や上杉謙信・浅井《あざい》長政《ながまさ》・朝倉義景《よしかげ》・毛利輝元《てるもと》・本願寺《ほんがんじ》顕如《けんにょ》らと連絡をとり信長包囲網を形成させた。元亀《げんき》元年（一五七〇）信長は姉川《あねがわ》合戦で浅井・朝倉連合軍を撃破して包囲網に穴を開け、天正《てんしょう》元年（一五七三）に義昭を追放し室町幕府を倒した。さらに朝倉・浅井氏を攻め亡ぼし、同三年には長篠合戦で武田軍に大打撃を与えた。

翌天正四年、信長は安土城の築城に着手し、同城完成後、居城を岐阜城から安土城に移した。またこれと並行して兵を各地に進め、本願寺顕如を降し、加賀の一向一揆を平定、甲斐の武田氏を亡ぼした。天正十年には、北は能登《のと》、東は上野《こうずけ》・甲斐、西は備前・伯耆と日本の中央部約三十ヶ国にまたがる領域を支配するまでに成長したが、同年、反旗を翻した明智《あけち》光秀《みつひで》によって討たれた（本能寺の変）。

豊臣政権の誕生

信長亡き後に勢力を急拡大させたのが羽柴《はしば》秀吉《ひでよし》である。

彼は卑しい身分の出身で、信長の家臣となって頭角を現し、本能寺の変の際には中国方面の攻略を担当、毛利方の拠点・備中高松城を攻めていた。信長が討たれたことを知った秀吉は、巧みに毛利方と和議を結んでとって返し、山崎合戦で明智軍を撃破。光秀は敗走中に討たれた。さらに織田家の継嗣問題および所領配分をめぐる清洲会議でも、秀吉は信長の嫡孫秀信《ひでのぶ》を擁立して主導権を握り、己に有利な体制造りに成功した。

翌天正十一年には、織田政権の重鎮の柴田《しばた》勝家《かついえ》の軍勢を賤ヶ岳《しずがだけ》で撃破し、北庄《きたのしょう》（現福井市）城に立て籠もった勝家を自刃に追い込んだ。こうして秀吉は信長後継者としての地位を確立し、天下人としての地位を誇示するために大坂城の築城に着手した。

天正十二年には、信長の子織田信雄《のぶかつ》が徳川家康を誘って秀吉に反旗を翻した。秀吉は信雄を攻撃したが、長久手の戦いで徳川勢に撃破され、一時、劣勢に立たされた。しかし、それでもなお軍事的圧力を弱めず信雄を屈服させた。これにより家康も秀吉と戦う大義名分を失い、秀吉に臣従した。

またこの年、無位無冠であった秀吉は、従三位権大納言《じゅさんみごんだいなごん》に叙任《じょにん》され、翌天正十三年には内大臣、そして関白へ昇進した。大納言・内大臣の就任時は「平」氏を使用し、関白昇進時は家柄を整えるため元関白近衛前久《このえさきひさ》の猶子《ゆうし》となって「藤原」氏を使った。これとて前代未聞のことであったが、天正十四年、正親町天皇が従来の源・平・藤原・橘の四氏に加え「豊臣」氏を創設し、これを下賜されるという栄誉を得た。秀吉は朝廷から前例のない特権的な地位・身分を授けられることに成功したのである。

こうして己の身分を上昇させると共に、これと並行して宿敵毛利氏の抱き込みを成功させ、四国に出兵して長宗我部元親を降伏させた。続いて同十五年には九州に出兵して島津義久《よしひさ》を降し、天正十八年には北条氏を攻め滅ぼした。これを視た南奥州の伊達政宗らも秀吉に帰順し、秀吉は信長没後わずか八年で天下統一を成し遂げ、名実ともに日本の覇者となったのである。

朝鮮出兵

秀吉は関白に就任した頃から大陸進出を口にするようになっていた。天正十八年（一五九〇）に北条氏を滅ぼして天下統一を成し遂げると、翌天正十九年にはその翌年に「唐入り」をすることを布告し、肥前名護屋《なごや》（現佐賀県唐津市）に大規模な前線基地・名護屋城を築いて出兵の準備を整えさせた。

翌天正二十年（文禄元年）、朝鮮出兵が発令され、四月十二日には第一軍が釜山《プサン》に上陸した。続いて第二軍から第九軍まで十万を超える大軍が朝鮮に侵攻し、快進撃を続け、五月三日には朝鮮の首都漢城《ハンソン》（現ソウル）を占領した。朝鮮国王は北部の平壌《ピョンヤン》に逃れ、日本軍はこれを追ってさらに朝鮮北部へと進撃した。

加藤清正率いる第二軍は朝鮮半島の北東部咸鏡道《ハムギョンド》を進み、女真族領域のオランカイまで兵を進めた。また小西行長《こにしゆきなが》率いる第一軍は北西部平安道《ピョンアンド》に進撃し、六月十五日には平壌を占領した。このため朝鮮国王はさらに北の寧辺《ヨンビョン》に逃れた。

しかし、朝鮮半島南部では、全羅《チョルラ》左水使（司令官）の李舜臣《イスンシン》率いる朝鮮水軍が、日本水軍を次々と撃破していた。このため日本軍は補給路の維持に苦慮した。また各地で義兵が挙兵して日本軍を悩ませ、さらに明の応援部隊も朝鮮に進撃し、攻守が逆転、文禄二年（一五九三）一月には明軍に平壌を奪還された。日本軍は漢城に撤退し、碧蹄館《ピョクチェグァン》の戦いで追撃してきた明軍を撃破したものの、兵糧米の集積地を焼き討ちされ前線を維持できなくなり、さらに半島南部へと撤退した。

その後膠着《こうちゃく》状態に陥り、明将沈惟敬《ちんいけい》と小西行長の間で講和交渉がおこなわれるようになった。講和を受け入れるに際し、秀吉は朝鮮南部の割譲、明皇帝の皇女を天皇に嫁がせるなどの条件を出し、明側も日本軍の朝鮮からの撤退を求めていた。沈や小西はこれを無視し、明には秀吉が降伏したと、秀吉には明が条件を受け入れたと伝えて講和を進めていた。文禄五年（慶長元年）九月、明使の楊方亨《ようほうきょう》・沈惟敬が大坂城で秀吉に謁見したが、ここで要求が無視されていることが露見して秀吉が激怒、再出兵となった。

こうして慶長の役が始まったが、日本軍には朝鮮半島南端部を維持する程度の力しか残されていなかった。日本軍は半島南端部に倭城を築いて、明・朝鮮連合軍と対峙した。慶長三年八月に秀吉が死去、豊臣政権は日本軍の朝鮮撤退を決定した。またこの頃、明・朝鮮側も日本軍を朝鮮半島から駆逐すべく、日本側の防衛拠点の蔚山《ウルサン》・泗川《サチョン》・順天《スンチョン》に大攻勢を仕掛けてきた。日本軍はこれを撃退、特に島津義弘が守る泗川城では明側に大打撃を与えた。続く露梁《ノリャン》海戦でも日本軍を包囲殲滅しようとした明・朝鮮水軍を撃退し、李舜臣を戦死させた。そして退路を確保し、朝鮮から撤退したのである。

撤退後、秀吉亡き後の天下を狙う徳川家康と、これを阻もうとする石田三成らが対立し、慶長五年（一六〇〇）、両者は関ヶ原で激突した。この関ヶ原合戦で勝利を収めた家康は天下を手にし、同八年、家康は征夷大将軍に任じられて幕府を開き、江戸時代が幕を開けたのである。

不可解な島津・徳川の動き

この間の島津氏の状況だが、十六世紀初頭、南九州にも下剋上の荒波が押し寄せ、各地で豪族が割拠し、守護島津氏の権威は失墜し滅亡寸前に追い込まれていた。そうした状況を十五代貴久《たかひさ》が建て直し、その子十六代義久《よしひさ》は弟義弘《よしひろ》・歳久《としひさ》・家久《いえひさ》と手を携え、天正五年（一五七七）には島津氏の旧領三州（薩摩・大隅・日向の三ヶ国）統一を成し遂げた。さらに同六年には九州最大・最強といわれた豊後（大分）の大友宗麟《おおともそうりん》の軍勢を打ち破り、同十二年には西九州を支配する肥前国佐賀の龍造寺隆信《りゅうぞうじたかのぶ》を敗死させ（島原合戦）、筑後・筑前・豊後に進出した。そして同十四年には大友氏の本拠地府内《ふない》（現大分市）を占領し、九州制覇まであと一歩という所まで迫った。しかし、これに豊臣秀吉が立ち塞がり、天正十五年、二十万もの大軍を率いて九州に攻め込み、根白坂《ねじろさか》の戦いで島津勢を撃破、義久を降伏させた。なおこの時、末弟の家久が急死している。戦上手《いくさじょうず》の家久を恐れた豊臣方が毒殺したと伝えられている。

また、天正二十年（文禄元年）に始まった朝鮮出兵には、島津義弘が一万の兵を率いて渡海することになっていたが、義弘のもとには兵も船もやってこず、義弘はわずかな手勢だけで、本隊よりずっと遅れて渡海した。義弘は「日本一の遅陣」となり「国元あつかいを恨む」と鹿児島の家臣に書き送っている。その後、徐々に義弘のもとに兵が集まってきたが、めぼしい活躍をすることもなく文禄の役は終わった。また同年六月には家臣の梅北国兼《うめきたくにかね》が出兵に反対して反乱を起こし（梅北一揆）、翌七月、これに係わったとして三弟の歳久が秀吉の命で自刃に追い込まれた。文禄の役の頃、島津の状況は惨憺たるものであった。

ところが慶長の役では、島津勢が泗川の戦いで明軍を撃破、続く露梁海戦で李舜臣を戦死させ、日本軍撤退の道筋を付けるなど、打って変わって縦横無尽の大活躍をした。

続く慶長五年の関ヶ原合戦では、義弘が西軍・石田三成方として参戦したが、またもや義弘のもとには兵が集まらず、義弘はわずかな手勢を率いて戦場に赴くことになった。

そして西軍の敗北が決定的になると敵中突破を敢行して義弘は薩摩に帰国した。この時、堺の商人たちが命がけで義弘らを守っている。

また戦後、徳川との和平交渉は義久と忠恒《ただつね》（義弘嫡男）が当たり、二年余りの交渉の末、所領を安堵された。家康は西軍の武将に対しては死罪・遠島・改易・所領削減など厳しい態度で臨んでおり、島津氏への対応は異例であった。さらに慶長十一年には、他の有力大名にも授けなかった「家」の字を忠恒に与え、家久と改名させている。これは当時たいへん名誉なことであった。慶長十四年には琉球出兵を認め、琉球国十二万石を島津氏の所領に加えさせた。処分どころか加増されているのである。異常な厚遇ぶりである。

こうした島津氏の行動、家康の動きは不可解である。従来はうまく説明することができなかった。ところが、近年、主に東洋史の研究者の手で、朝鮮出兵に関する中国・朝鮮側の史料が次々と見いだされ活用されるようになった。すると、朝鮮出兵の最中、島津氏と明が連絡を取り合って秀吉を倒すという計画が進められていたこと、そしてこれに徳川家康が関与していた可能性が高いことが明らかになった。中国・朝鮮の史料は、断片的な日本側の史料ともうまく合致し、矛盾しない。これらの史料を使えば、島津が何をしようとしていたのか。また家康が島津を優遇した理由が明らかになってきたのである。

第二章　薩摩と明の合力計画

中国人家臣たちの通報

島津と明との合力計画については、鹿児島経済大学の増田勝機《ますだかつき》教授の『薩摩にいた明国人』（高城書房・一九九九年）や関西大学の松浦章教授の『海外情報からみる東アジア』（清文堂出版・二〇〇九年）、北海道大学大学院の三木聰《みきさとし》教授の『伝統中国と福建社会』（汲古書院・二〇一五年）、韓国・仁荷大学の李啓煌《イゲファン》助教授の『文禄・慶長の役と東アジア』（臨川書店・一九九七年）、九州産業大学の長節子《おさせつこ》教授の『中世　国境海域の倭と朝鮮』（吉川弘文館・二〇〇二年）などで紹介されている（肩書きは出版時のもの）。まずは、これらを参考に計画の概要とその影響を見てみよう。

最初に行動を起こしたのは、島津義久《よしひさ》に仕える中国人医師の許儀後《きょぎご》（三官《さんがん》）・郭国安《かくこくあん》らであった。彼らは、万暦《ばんれき》十九年（天正《てんしょう》十九・一五九一）九月、仲間の朱均旺《しゅきんおう》に書状を託し、秀吉が明征服を企てており、来春、日本軍が朝鮮に出兵すると明の福建軍門に伝えた。侯継高《こうけいこう》撰『全浙兵制考《ぜんせつへいせいこう》』に「附録近報倭警《ふろくきんほうわけい》」としてその書状が収録されている。

　これによれば、許儀後が秀吉の大陸侵攻計画を知ったのは、秀吉が北条氏を滅ぼした万暦十八年のことであった。日本統一を成し遂げた秀吉が、次は海を渡って明を侵略すると言っているという噂を耳にしたのである。さらに翌万暦十九年九月七日には、具体的な情報、すなわち来春（万暦二十年・文禄元年の春）、日本軍が朝鮮に渡り、中国に進撃して北京城を奪取する計画が実行されることを知った。その兵力は日本諸国から五十万、秀吉の親衛隊が五十万で、総勢百万に達するという。祖国の危機を知った許儀後と郭国安は、居ても立ってもいられなくなって、この情報を明に伝えたいと思ったが、共に妻子ある身で、情報を漏らしたことが明らかになれば妻子に累が及ぶため思うように動くことができない。そこで独身の朱均旺に書状を託し、明に伝えることにしたという。

　また書状には日本の情況も詳しく記されているが、「（諸国の大名たちは）皆、朝鮮・明に渡りたくない」と思っており、「おのおの謀反《むほん》の密議をしているが、いまだ謀反を起こすには至っていない」。許儀後が近侍する島津義久もそうした一人で、「東海道（徳川家康か）と内通して謀反を起こそうと密議していた」「薩摩の君（義久）は大明のことをたいへん尊んでいる」と記されている。

書状を託された朱均旺は、万暦二十年二月二十八日、福建省の大岾《だいさく》（現福建省泉州市）港に到着し、福建軍門に許儀後・郭国安から託された書状を差し出した。日本軍が釜山《プサン》に上陸したのは、それからわずか一ヶ月半ほど後の四月十二日のことであった。

許儀後と郭国安

出兵情報を福建軍門に伝えた許儀後は、出兵情報を記した書状に自分の略歴を書き添えている。それによれば、彼は、江西省《こうせい》吉安府《きつあん》（現吉安市）出身で、隆慶《りゅうけい》五年（元亀《げんき》二・一五七一）、乗っていた船が広東《カントン》沖で倭寇《わこう》に襲われて捕虜となり薩摩に連れてこられたという。医学に通じていたため、島津義久に見いだされて家臣となり、義久に倭寇たちが人身売買をおこなっていることを哀訴したところ、義久は倭寇の頭目陳和吾・銭少峰ら十人余りを処刑し、他の者はルソンなど東南アジア各地に逃亡したと記している。許儀後を襲ったのは中国人倭寇だったのである。

また、寛永十九年（一六四二）、薩摩藩は徳川家康から受けた恩をまとめた『御厚恩《ごこうおん》記《き》』を幕府に提出しているが、その最初に記されているのが、天正十九年に家康が許儀後を救ったという話である（五味克夫「『御厚恩記』をめぐって」）。これによると、許儀後が出兵情報を明に伝えたことは秀吉にばれた。秀吉は激怒して、許儀後を大きな鍋で煮殺そうとした。その際、家康が「許儀後に限らず、日本にいる中国人だったら、出兵情報を祖国に伝えるのは当然である。情報が漏れたことで高麗《こうらい》入りが困難になったと思われては、日本の弱みとなるから、許儀後を殺すべきではない」と、少々訳の分からない理屈で秀吉を説得し、許儀後を救ったという。

こうした事件があった後も、島津義久は許儀後を重く用い続けている。許儀後はその後も明の工作員と接触し続け、工作員に「義久たちが（朝鮮出兵が）失敗することを強く願っている」「（末弟の家久《いえひさ》を秀吉に殺され）一日たりとも秀吉への恨みを忘れていない」と伝えている。このようなことを勘案すると、福建軍門への出兵情報伝達は義久の指示だったのではないかと思えてくる。

なお、島津家に仕えた家臣の家系の概要をまとめた『諸家《しょけ》大概《たいがい》』に、許儀後は「高樋《こうひ》三官許氏」として紹介され、名護屋《なごや》（現佐賀県唐津市）で家康が病になった際、薬を処方したと書かれている。家康に命を救われたことを恩に感じていたのであろう。また子孫はいないとある。

『島津国史』巻二〇、天正十九年十月条には、煮殺されそうになった許儀後（三官）を家康が助けた話を記した後の割注に「府城南石橋あり、長さ丈あまり、小渠跨《しょうきょまた》ぐ、名を三官橋という、伝言、許三官かつてここに居す、よって名づく」とある。鹿児島中央高校から鹿児島市の繁華街天文館《てんもんかん》の南部にある天文館公園へ、ここからさらに南側の松原《まつばら》神社《じんじゃ》の方に向かって清滝川《きよたきがわ》という川が流れている。この川に、下流側から一官橋・二官橋・三官橋という橋がかけられていた。三官橋が許三官の屋敷にちなむというのである（異説あり）。三官橋はいま鹿児島市の路面電車が通る道にかかっている。繁華街天文館の西側、平之町《ひらのちょう》・高見馬場《たかみばば》から南の新屋敷《しんやしき》・騎射場《きしゃば》方面へと延びた道が「三官橋通」である。通りに名を残すというのは、それだけ重要な人物だったことを物語っているのであろう。

郭国安は、山西省《さんせい》汾陽《ふんよう》（現呂梁《りょりょう》市）の出身である。『諸家大概』などによれば、唐代に汾陽王に封じられた郭子儀《しぎ》の子孫で、永禄《えいろく》二年（一五五九）、二十三歳の時、明の高等官試験である科挙《かきょ》を受験するため都に向かっていたが、途中で科挙がすでに終わった事を知った。帰郷しようとしたところ、日本に向かう船が目にとまり、その船に乗って京《きょう》泊《どまり》（現薩摩川内市《せんだい》）にやってきた。科挙を受験するような優秀な人材が来たことを知った島津義久によって家臣に取り立てられ、医学を許儀後に学んだという。

のちに汾陽理心《かわみなみりしん》と名乗り、『旧記雑録《きゅうきざつろく》』後編巻八十五の「寛永九年（一六三二）高牒《たかちょう》写」に「六百二十石　理心」とある。かなりの高禄で召し抱えられていたことがうかがえる。そして寛永十六年に死去した。彼の墓は鹿児島市冷水《ひやみず》町の興国寺《こうこくじ》墓地にある。

また、許儀後・郭国安に代わって福建軍門に出兵情報を伝えた朱均旺も、自身の略歴を伝達書に書き添えている。それによると、彼は江西省臨川《りんせん》県（現撫州《ぶしゅう》市）出身で、交趾《こうち》（ベトナム）に出向いて商売していたところを倭寇に襲われ、薩摩に連れてこられた。ここで同じ江西省出身の許儀後に会い、彼に助けられ、許の家に同居するようになったという。

郭国安（汾陽理心）の墓
（鹿児島市冷水町、興国寺墓地）

福建軍門による工作員派遣

許儀後らの通報を受け取った後の明側の動きは、福建巡撫《じゅんぶ》（長官）の許孚遠《きょふえん》が、万暦二十二年（文禄《ぶんろく》三・一五九四）五月、明廷に上申した「請計処倭酋疏《こうけいしょわしゅうそ》」（『敬和堂集《けいわどうしゅう》』収録）からある程度うかがうことができる。

万暦二十年十二月、許孚遠が福建巡撫に就任すると、すぐに中央政府の兵部尚書《しょうしょ》（軍務長官）石星《せきせい》の密命を帯びた沈秉懿《しんへいい》と史世用《しせいよう》が彼のもとを訪ねてきた。その密命とは、工作員（スパイ）を許儀後らのもとに派遣し、日本側の情況を探れというものであった。許儀後らが福建軍門に知らせた出兵情報は中央政府に伝達されていたのである。

工作員派遣の命を受けた許孚遠は、年老いていた沈秉懿は工作員にふさわしくないと判断して石星のもとに返し、万暦二十一年四月、史世用を泉州府同安県《せんしゅうふどうあん》（現厦門《アモイ》市）に赴かせた。史世用は錦衣衛指揮《きんいえいしき》という身分の軍人であった。同安県では海商許豫《きょよ》の協力が得られることになり、史世用は商人に変装し、彼の船で日本に向かった。

明の工作船は六月に中国を出港し、七月四日に内之浦《うちのうら》に入港した。藤原惺窩《せいか》が中国船を見たり、「葡萄勝酒《ぶどうしょうしゅ》」を振る舞われたりした港である。内之浦に着いた工作員たちはすぐさま許儀後を探し始めたが、彼は島津義久に従って肥前国名護屋（現佐賀県唐津市鎮西町）に行っていた。このため史世用は名護屋に向い、許儀後との接触に成功した。また史世用の同伴人の張一学・張一治らは秀吉が居住する城に潜入し、城の立地情況を観察して秀吉の動静を探っている。史世用が名護屋に行った時、秀吉は名護屋城に滞在していた。張一学らが聚楽第《じゅらくだい》の外観を報告した記述もあるので、潜入した城が名護屋城か聚楽第かは定かではないが、いずれにせよ、秀吉の居城潜入など工作員だけでできるものではない。おそらく島津家の中国人家臣たちの手引き、協力があったのであろう。

八月、秀吉が名護屋城を発ち大坂（大阪）へと向かった。島津義久も許儀後を伴って帰国した。史世用も内之浦に戻り、九月、許儀後の仲介で、内之浦の領主で島津氏の重臣でもある伊集院忠棟《いじゅういんただむね》（幸侃《こうかん》）と会った。忠棟は史世用が商人ではないことをすぐに見破り、自分の甲冑《かっちゅう》を彼らに贈った。

その後、大隅正興寺《おおすみしょうこうじ》（現霧島市にあった臨済《りんざい》宗の寺）の僧玄龍《げんりゅう》が内之浦にやってきて、「あなた方は日本の動向を探るために福建軍門から遣わされたのではないか」と問いただした。それで工作船の船長許豫が「明の皇帝陛下は、遊撃将軍（沈惟敬《ちんいけい》）に命じて日本との講和交渉をしている。これを聞いた福建軍門が貿易するために私の商船を派遣しただけだ」と答えて、何とかごまかしたという。

十月には義久に仕える中国人医師の許儀後が朝鮮に派遣されることになった。この頃、朝鮮の島津の陣中では疫病が流行っていた。九月八日には島津義弘の嫡男久保《ひさやす》が病死しているくらいである。許儀後は医師としての腕を買われ渡海を命じられたのであろう。これを受けて史世用も急遽《きゅうきょ》、帰国することになり、福建省海澄《かいちょう》県（現竜海市）の商人呉《ご》左沂《させき》の船に乗り福建を目指した。この船は沖縄近海で嵐にあって難破したが、史世用は一命を取り留め、十二月に琉球王府が明に派遣した船で福建に送られている（『歴代宝案』第一集、巻八）。

一方、内之浦に残った工作員たちは、十一月に島津義久が派遣した黒田という武士から再び来日目的を問いただされた。この時もうまく疑いを晴らすことができた。工作員たちの話を信じた義久は、文書一封と旗・刀を彼らに託し、島津家も通商・貿易が続くことを望んでいると福建軍門に伝達するように依頼した。

そして工作員たちは、万暦二十二年一月二十四日に帰国、義久から託された文書を福建軍門に持参し復命した。

なおこの時、孫次郎という日本名を持つ中国人張昂《ちょうこう》を連れ帰っている。「請計處倭酋疏」には「被虜《ひりょ》となっていた温州瑞安《うんしゅうずいあん》（現浙江省温州市瑞安市）人」と、やはり倭寇に捕らえられていた中国人と記されているが、『島津国史』巻二十一、慶長三年七月の条には、孫次郎（張昂）は南京人で、十五歳の時に父が亡くなり、継母に殺されそうになったため日本に逃れ、頴娃《えい》（現南九州市）に住むようになった。そして頴娃左馬頭に仕えていたが、左馬頭が死去したため帰国したとある。左馬頭とは頴娃久虎《ひさとら》のことで、彼は天正十五年（一五八七）に死去している。また『薩藩旧伝集』補遺には、医道の心得があったと記されている。医学を通じて許儀後らと交流があったのかもしれない。

「倭酋＝秀吉」処分の計画

先に引用した「請計處倭酋疏」は、工作員の報告を受けた福建軍門巡撫の許孚遠が著したもので、「倭酋」とは豊臣秀吉のことである。すなわち、秀吉を処分する計画の承認を皇帝に申請した上奏文（疏）なのである。

「請計處倭酋疏」には、許孚遠が工作員を派遣した経緯、工作員の日本での動向を記した後、工作員が目の当たりにした情況がつぶさに記されている。

「請計處倭酋疏」が著されたのは万暦二十二年（文禄三・一五九四）五月のことであった。当時、明と日本の間では和平交渉が進められていた。万暦二十一年正月の碧蹄館《ピョクチェグァン》の戦いの後、日本の小西行長と明の沈惟敬の間で和議が模索され、停戦状態になっていた。和平実現のため、明側では秀吉に「日本国王」の位を授け、朝貢《ちょうこう》を許して日本軍を朝鮮から撤退させるということが検討されていた。ただし、秀吉も和平締結に当たっては、明皇女を天皇の后《きさき》とすること、朝鮮南部を割譲することなどの条件を出していた。しかし、これらの諸条件は明廷には伝えられておらず、逆に秀吉が降伏したと伝えられていた。こうした嘘が、万暦二十四年、明から秀吉を日本国王に封じるという冊封使《さくほうし》が大坂に来た際に露見し、秀吉が激怒。再出兵となった。

工作員たちは、日本人たちが「和婚《わこん》（明皇女の降嫁）が実現しなければ、直ちに大明に乱入する」と言って、兵船を次々と新造し、出兵準備を着々と進めていると報告している。また「（秀吉を日本国王に）封じて朝貢を許しても、許さなくても、また彼らは襲来する」「（再襲来が）遅いか早いかだけ」である。秀吉を日本国王に封じることは無駄なことで、仮に封じても「（次に）通貢《つうこう》・互市《ごし》を求めてくる。尽きることのない貪欲さで、明を圧迫するようになる」だけだと記している。

これを受けて、福建巡撫の許孚遠は秀吉を日本国王に封じることに強く反対し、「争乱は、ただ秀吉一人に原因がある」と、秀吉さえ処分してしまえば朝鮮出兵は終わると主張している。

また、日本国内に秀吉に対する不平・不満、そして恨みが渦巻いている情況も記されている。秀吉は日本を統一したが、もともとは卑しい身分の出で「国の実権を簒奪《さんだつ》し、詐術《さじゅつ》で（大名たちを）降伏させ、その子弟を捕らえて人質として服従させた」「陰謀《いんぼう》を以て領国を広げてきたため、きわめて深い恨《うら》みをかっている」と、心から従っている者はほとんど無く「秀吉の地位を力ずくで奪おうと考えている者は、はなはだ多い」とある。

また朝鮮出兵についても「（諸大名から）人質を取って軍勢を朝鮮に向かわせているが、これは死地に追いやるようなもので、（大名たちはみな秀吉を）恨んでいる」「薩摩州の島津義久もその一人で、（朝鮮出兵が）失敗することを望んでいる」「かつて秀吉は、島津氏の重臣幸侃（伊集院忠棟）を通じて、義久に自らの潔白を明らかにするため弟の中書《ちゅうしょ》を殺させた。義久はうわべだけは秀吉に従っているが、内心では一日たりとも秀吉に対する恨みを忘れていない」と記されている。

実際、天正十五年（一五八七）に義久が秀吉に降伏した直後に四弟の島津家久（藩主家久とは別人、中務《なかつかさ》・中書）が死去している。豊臣側がいくさ上手の家久を恐れ毒殺したと言われている。また文禄元年（一五九二）には朝鮮出兵に反対して義久の家臣梅北国兼《うめきたくにかね》が反乱を起こしたが、この時、秀吉は三弟の歳久《としひさ》が反乱の黒幕だと決めつけ、義久に歳久の首を差し出すように厳命を下し、義久はやむなく歳久を自刃に追い込んでいる。この二つの事件が混同されているが、義久は弟を豊臣政権の手で殺されており、「一日たりとも秀吉に対する恨みを忘れていない」というのは紛れもなく義久の本心であった。

なお、文中に出てくる伊集院忠棟は、工作船が入港した内之浦の領主で、史世用が商人ではないと見破り甲冑を贈った人物である。彼は、天正十五年に島津氏が秀吉に降伏した後、豊臣政権と島津氏のパイプ役を果たし、文禄四年の太閤検地《たいこうけんち》の際には、豊臣政権から直々に日向国庄内《しょうない》（現宮崎県都城《みやこのじょう》市）など八万石を宛てがわれている。島津義久・義弘の蔵入地《くらいりち》がそれぞれ十万石であるから、いかに彼が豊臣政権から重視されていたかがうかがえよう。そして慶長四年（一五九九）、朝鮮から戻ってきた島津忠恒《ただつね》（義弘の嫡男、後の家久）によって手討ちにされているのである。

このように許孚遠は日本、特に島津氏領国内の情況をつぶさに記した後、日本への対処方法として「用間《ようかん》」「備禦《びぎょ》」「征剿《せいそう》」の三策を提唱している。

「用間」は、工作員を日本に派遣して、日本の大名たちに秀吉を「擒斬《きんざん》」すべしという詔勅《しょうちょく》を出し、秀吉に対し謀反を起こすように働きかけ、彼らに秀吉を討たせるというものであった。秀吉を日本国王に封じるのではなく、秀吉を倒した者こそ封じるべきだとも記している。

「備禦」は、日本軍が中国本土に侵攻してくることを想定し、これに備え遼陽《りょうよう》と天津《てんしん》の軍備を増強するというものである。

「征剿」は、日本軍が朝鮮に在陣し、日本が手薄となっている不意を突き、二千隻の軍船、二十万の兵で日本を攻める。命に従うものは許し、刃向かうものは誅殺《ちゅうさつ》して、秀吉を討ち取るというものであった。

許孚遠は、この三策の内「間諜《かんぼう》工作を用いるのがもっとも良い」と、「用間」を用いるべしと主張している。

この時、許孚遠がイメージしていた抱き込むべき相手とは、島津義久だったであろう。出兵情報を伝えた義久の中国人家臣たちは「薩摩国の君臣は、東海道と内通して一緒に謀反を起こそうと密議していた」と伝えており、また工作員の報告にも義久側から「秀吉への恨みを一日たりとも忘れていない」と聞かされ、「凅《か》誘《ゆう》の機がある」と明に内通する可能性を感じたと記されていた。許孚遠は、義久が明に味方する、「用間」策は実行できると確信していたのである。

許孚遠の失脚

「請計處倭酋疏」を上申した福建巡撫許孚遠は、その一ヶ月後、万暦二十二年六月に二回目の工作船を薩摩に派遣した。この船は前回同様、同安県の海商許豫の船で、巡海守《じゅんかいしゅ》備《び》劉可賢《りゅうかけん》、軍門賛画姚士栄《ぐんもんさんかくようしえい》、在薩摩州差使人《さしにん》張昂が、許孚遠が書いた「回文《かいぶん》」「檄文《げきぶん》」を携えて乗り込んでいた。劉可賢は史世用と同様、明の軍人である。姚士栄は軍門の賛画、すなわち許孚遠の側近である。張昂（孫次郎）は捕虜となって薩摩に捕らえられていた中国人で、前回の工作船で中国に帰国していた。おそらく通訳として乗船したのであろう。このような人物が乗り込んでいることは、許孚遠が、「用間」の実行を目指し、日本側、特に島津義久や彼に仕える許儀後らへの工作を強化・具体化しようとしていたことを物語っている。

また、許孚遠の「回文」「檄文」は、国宝となっている島津家文書（東京大学史料編纂《へんさん》所《しょ》所蔵）の中に納められている。「回文」は義久に宛てたもので、明に対し友好的な態度を取ろうとする義久を賛美するとともに、秀吉を説得して和平を実現させるように依頼している。また「檄文」は秀吉に与えたもので、まず「太閤先生」と秀吉に敬意を示し、朝鮮出兵は秀吉の「奸徒」が企てたもので、その汚名を秀吉に着せたのではないか。秀吉が積善すれば（朝鮮からの撤退など）、天地・神明がその報酬を保佑するであろうと記されている。

二回目の工作船が、いつどこに来航したか明らかではないが、島津家文書の中に「回文」「檄文」が納められていることをみると、無事に薩摩に来航し、義久あるいは許儀後ら中国人家臣との接触に成功したと思われる。

そして、彼らは万暦二十三年六月までには帰国していたが、この間に明側の情況が大きく変わっていた。彼らを薩摩に派遣した許孚遠が失脚し、南京大理寺卿という閑職に転任させられていたのである。

前述のように、許孚遠が「請計處倭酋疏」を上申した頃、日本の小西行長と明の沈惟敬の間で和議が模索されていた。秀吉は和議を受け入れるに際し、明皇女を天皇の后とすること、朝貢貿易を復活させること、朝鮮南部を割譲することなどを求めていたが、小西や沈はこれらを明廷には伝えず、秀吉が降伏したと報告していた。また明側も日本軍の朝鮮からの全面撤退など和平に向けた諸条件を示していたが、これも秀吉には伝達されていなかった。

小西行長・沈惟敬らは、こうした講和条件を無視し、明が秀吉を「日本国王」に封じ、朝貢を許すことで日本軍を朝鮮から撤退させようとしていた。これを受けて、明廷では秀吉への封を認めるか、朝貢を許すか激しい論戦が繰り広げられていたのである。

福建巡撫の許孚遠に日本の情況を探れと命じた兵部尚書の石星は、封を認め、朝貢は許さないという「許封不許貢」という立場であった。「請計處倭酋疏」を見て、秀吉を日本国王に封じても意味がないと、冊封にも反対するようになったが、これは一時的なもので、すぐに「許封不許貢」に戻っている。石星は講和による戦争の終結を何よりも優先し、とりあえず秀吉を日本国王に封じて戦争を終わらせようとしたのである。そして「許封不許貢」の実現を妨げる不都合な情報、明皇女を天皇の后とするという条件などが皇帝周辺に漏れないように動いた。許孚遠が失脚したのも、おそらく石星の指示によるものであろう。

許孚遠が薩摩に派遣した劉可賢らもその巻き添えとなった。『明神宗実録《みんしんそうじつろく》』万暦二十三年六月二十六日の条に、「福建が日本を探偵するため派遣した劉可賢らは、関白（秀吉）から財宝を授けられ、ひそかに夷僧（日本人僧）を連れ帰ってきた。兵部がこのようなことは明側に不利益をもたらすと奏上したので、今後、沿海地方の者が勝手に偵探を出すことを禁じる詔が出された」とある。兵部尚書の石星が不都合な情報が漏れることと、広まることを恐れて、彼らを悪者に仕立て、工作員の渡海を禁じさせたのであろう。

そして、このような情況となってしまったため、福建巡撫許孚遠が上申した「請計處倭酋疏」は実行に移されず、明と薩摩の合力計画も頓挫してしまうのである。

合力計画の復活

万暦二十二年（文禄三・一五九四）十月、兵部尚書の石星は、改めて秀吉を日本国王に封じる許可を万暦帝に願い出て、その許可を得た。

これを受けて、同年十二月、小西行長が派遣した偽りの降伏使節内藤如安が北京に派遣された。翌万暦二十三年一月には、李宗城《りそうじょう》を正使に、楊方亨《ようほうきょう》を副使とする冊封使《さくほうし》が北京を発った。一行は四月に朝鮮の首都漢城《ハンソン》に到着したが、明側が日本側に強く求めていた朝鮮からの撤兵は実行される兆しはなかった。しびれを切らした李宗城は、十一月、日本軍が駐屯する釜山に向かった。ここで秀吉が南朝鮮の割譲、明皇女の降嫁などの条件を示していることを知って驚愕し、万暦二十四年（慶長元・一五九六）四月、李宗城は釜山から出奔し姿を消した。

慌てた小西行長と沈惟敬は、楊方亭を正使に昇格させ、沈惟敬が自ら副使となって日本へ渡海した。九月一日、冊封使一行は大坂城で秀吉に拝謁し、日本国王に封じるという万暦帝の勅書が読み上げられたが、勅書には秀吉が要求していた諸条件が一切触れられておらず、秀吉の要求が無視されていることが明らかになった。秀吉は激怒、諸大名に再出兵を命じた。

秀吉の要求を隠し、秀吉が降伏したと虚偽報告をして和平交渉を推し進めていた沈惟敬と、彼を助け、秀吉への冊封実現を強引に推し進めた石星は激しい批判にさらされた。沈惟敬は処刑、石星も投獄されて獄死した。

そして、許孚遠を失脚させた石星がいなくなり、万暦二十五年（慶長二）に出兵が再開されたことにより、薩摩と明との合力計画が再び動き出した。許孚遠に代わって福建軍門巡撫に就任していた金学曾《きんがくそう》が、薩摩に工作船を派遣したのである。

島津家・薩摩藩の史料を編年でまとめた『旧記雑録《きゅうきざつろく》』、その後編巻四十六に、九月朔日付けで維新《いしん》（惟新とも、島津義弘）が息子の又八郎（忠恒、後の家久）に出した書状が収録されている。慶長四年（万暦二十七・一五九九）のものと推測される書状で、去年五島へ着船の唐人、十月に伏見へまかり上り、龍伯《りゅうはく》（義久）様へまかり出でたるの由に候、その時に御はた（旗）ならびに鑓《やり》など下され候、その御礼として大明福建の金軍門より去春使者船を薩摩へ差し渡され候

とある。すなわち、慶長三年に五島に到着した中国人たちが、同年十月に伏見で義久に会い、義久から旗と鑓を授けられた。前に紹介した万暦二十一年（文禄二・一五九三）に内之浦に来航した工作員たちも、帰国する際に交易を望む証として義久から旗・刀を授けられている。同様の意味が込められていたのであろう。そして、その御礼として福建軍門の金軍門が慶長四年春にも再び使者船を派遣したというのである。島津側にはこれ以外の史料が無いが、朝鮮・中国の方に福建軍門巡撫の金学曾が工作船を派遣したことや、工作内容が窺える史料が残されている。

「島津の兵と一緒に秀吉を攻めれば」

朝鮮の史料は、朝鮮出兵の際に日本軍の捕虜となり、宣祖《せんそ》三十二年（慶長四・万暦二

十七・一五九九）三月に日本脱出に成功した魯認《ろにん》（錦渓《きんけい》）が記した日記『錦渓日記』と、彼が朝鮮帰国後に著した「防倭《ぼうわ》十ヶ条」（『宣祖実録』巻一二〇、宣祖三十二年十二月条）である。いずれも、前出の長節子『中世　国境海域の倭と朝鮮』の中で紹介されている。

『錦渓日記』や「防倭十ヶ条」によると、魯認の国外逃亡に協力したのは、福建軍門金学曾が薩摩に派遣していた工作船であった。宣祖三十一年四月、福建軍門の金学曾は林《りん》震虩《しんげき》を商人に仕立てて薩摩に派遣した。そして義久の家臣となっていた中国人医師の許儀後と郭国安に接触させた。林は持参した銀八百両で許儀後を買収し、石蔓子《シイマンズ》（島津）が秀吉から離反するように働きかけさせた。許儀後は、朝鮮の泗川《サチヨン》に渡り、

明皇帝は日本が天子の威を恐れず出兵していることに激怒し、中国北部および西戎《せいじゅう》・北狄《ほくてき》（中国周辺の異民族）の精兵百万で朝鮮を助け、壱岐・対馬および西海の島々を討つ。さらに中国南部および琉球・暹羅《しゃむろ》（タイ）・安南《あんなん》（ベトナム中部）・呂宋《るそん》（フィリピン）・交趾《こうち》（ベトナム北部）・仏狼機《ふらんき》（ヨーロッパ）の兵船五万で渡海し、まず薩摩に入り、日本を必ず壊滅させると言っている。

と石蔓子に伝えた。石蔓子はこれに驚き朝鮮から撤退したと、魯認は記している。

後述のように、島津が朝鮮から撤退したのは明軍の薩摩攻撃を恐れたものではなかったが、林震虢が許儀後・郭国安と接触し、島津氏が秀吉から離反するように働きかけ、また朝鮮から撤退するように促したのは史実であろう。また日本に攻め入るという話も、明と島津が手を組んで秀吉を討とうとしていたことが誤伝された可能性もある。

また『宣祖実録』巻一〇三、宣祖三十一年八月四日条に、朝鮮派遣明軍の最高責任者であった軍門邢玠《けいかい》が宣祖に会った際、邢玠が「福建巡撫が日本に工作員を派遣している」「福建から数千人を送り込んで、彼らに内応させ、水軍で日本を攻撃する計画がある」と述べたとある。そして同巻一〇七、宣祖三十一年十二月庚辰条には、明将が島津氏を「招諭」してはどうかと提案してきたと記されている。こちらは前出の李啓煌『文禄・慶長の役と東アジア』の中で詳しく紹介されている。

中国側の史料は、明の暦数学者徐光啓《じょこうけい》（一五六二〜一六三三）がまとめた「海防迂説《かいぼううせつ》制倭」（『皇明経世文編』巻四九一『徐文定公集』収録）の記述で、
許儀後というものが福建巡撫の金省吾学曾に情報を送ってよこした。その情報とは秀

吉は兵を朝鮮に送り込んでいるため国（日本）は空になっている。薩摩の軍兵はことごとく島津義弘・忠恒（家久）に従って朝鮮に渡っているが、残っているものをかき集めれば四万人くらいにはなる。その食料や武器は準備することができるが、彼らを運ぶ船がない。もし福建が多数の船を準備し、二、三万の援軍を乗せて薩摩に来て、島津の兵と一緒に秀吉の城を攻めれば、城を攻め落として、秀吉の首を取ることができるというものであった。金学曾はこれを中央政府に伝えようと図ったが、蘭渓という者がこれを妨げ、皇帝の耳に入れることができなかった。

とある。これによると、島津側から秀吉を共に討とうと福建軍門に申し出たことになる。先に紹介した万暦十九年（天正十九・一五九一）の許儀後・郭国安による出兵情報伝達と混同されている可能性もあるが、この時の福建巡撫は許孚遠であり、金学曾が福建巡撫となるのは万暦二十二年（文禄三・一五九四）以降のことである。また島津義弘は当初、嫡男の久保と朝鮮に渡海しており、文禄二年に久保が病死したため、翌文禄三年に弟の忠恒が渡海している。いずれも万暦二十二年（文禄三）以降の情況が正しく記されており、万暦二十四年（慶長元・一五九六）に和議が破れた後、改めて許儀後らが福建軍門に島津との合力計画を持ちかけた可能性も排除できない。

秀吉の死と日本軍の朝鮮撤退

金学曾や許儀後らが合力計画を進めていた最中の慶長三年（万暦二十六・一五九八）八月十八日、秀吉が死去した。かつて福建巡撫の許孚遠が「請計処倭酋疏」に「秀吉さえいなくなれば戦争は終わる」と記していたように、秀吉の死後、日本側では朝鮮から兵を撤退させる動きが活発になる。

九月五日、秀吉の死を伏せたまま、徳川家康・前田利家・宇喜多秀家・毛利輝元の四大老連名で、加藤清正を責任者とし兵を朝鮮から撤退するように命令が下された。十月一日、この撤退命令を伝達する役を命じられた徳永寿昌《とくながながまさ》・宮木豊盛が釜山に到着し、朝鮮在陣の諸大名に撤退が伝えられた。徳永らが泗川城を守る島津義弘のもとを訪れ、撤退命令を伝達したのは十月八日のことであった（『島津国史』）。

一方、この頃、明・朝鮮側も大軍を結集させていた。これを東路軍、中路軍、西路軍に分け、九月、朝鮮半島南部の日本軍拠点蔚山城、泗川城、順天《スンチョン》城に激しい攻撃を仕掛けた。日本軍はなんとかこれを撃退したが、もっとも激しい戦闘が繰り広げられたのが島津義弘の守る泗川城をめぐる攻防戦であった。

慶長三年九月末、明将董一元《とういちげん》が率いる明・朝鮮連合軍が泗川に攻め寄せた。その兵力二十万（実際は四、五万程度か）、守る島津勢は一万（実際はその半分程度か）だったという。義弘は泗川古城を放棄し、泗川新城に兵を集結させて守りを固めた。十月一日、明・朝鮮連合軍が泗川新城への攻撃を開始すると、義弘は敵を引き付けて弓銃の一斉射撃で撃退。さらに、兵を明・朝鮮連合軍の後方に忍ばせて火薬庫を大爆発させ、連合軍がこれに驚き混乱すると、城門を開いて打って出て大打撃を与えた。明・朝鮮連合軍の死者は三万六千に達したという。

この戦死者の数字もかなり誇張されていると思われるが、大損害を与えて撃退したのは事実である。明・朝鮮連合軍は蔚山、泗川、順天城ともに日本軍に撃退され、特に泗川で多大な犠牲を払ったため、日本軍の包囲網をゆるめた。これを受けて、日本軍は撤兵を開始した。

李舜臣も戦死させた義弘の活躍

十一月、日本軍は、それぞれ現地の明軍と人質交換などをおこなって撤退を開始した。

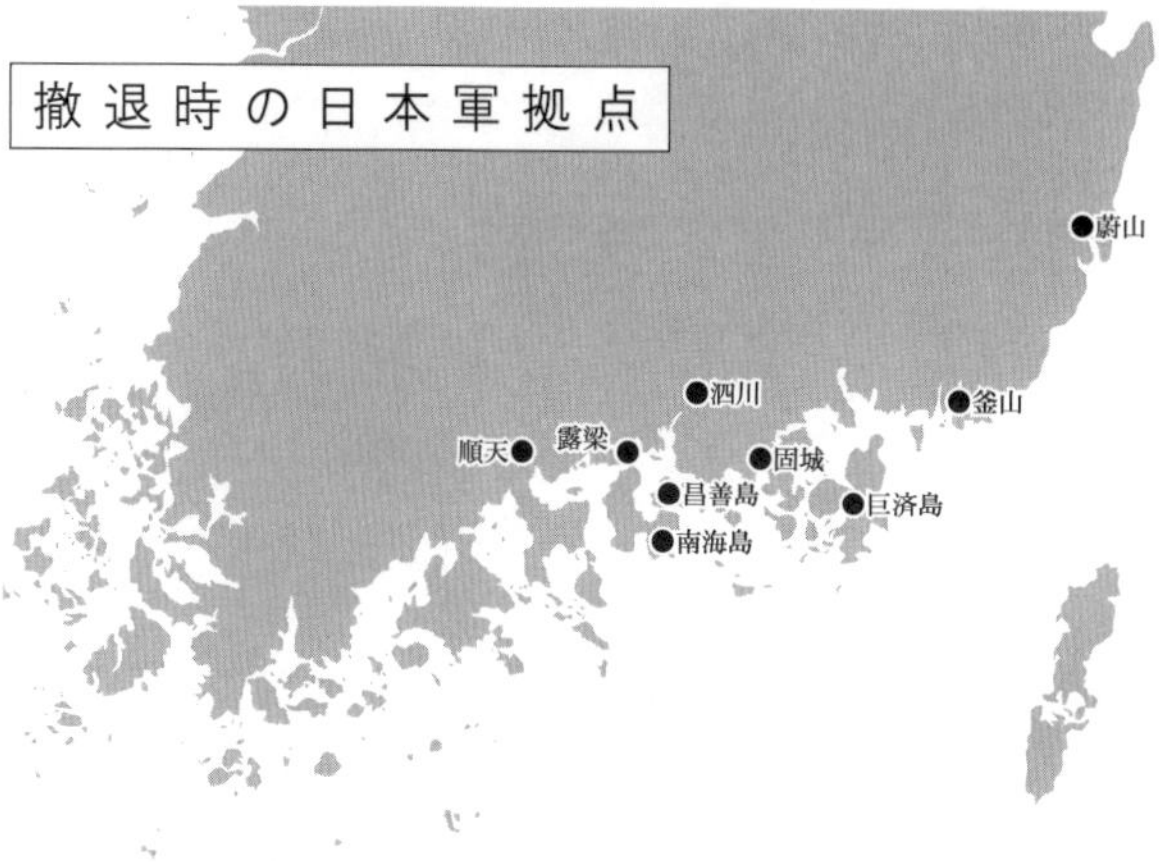

撤退時の日本軍拠点

ただし、講和・撤兵交渉は、主として日本と明の間でおこなわれていた。明軍内部で情報がきちんと共有されていたわけではなく、朝鮮側はほとんど関与させてもらえず、情報も満足に伝えられていなかったため、これに不平・不満を抱いていた。

　そのような中、蔚山を守っていた加藤清正隊ら、慶尚道《キョンサンド》の東海岸に布陣していた部隊は、さしたる抵抗も受けず、撤兵拠点とされた釜山へ集結した。義弘は、明将茅国器《ぼうこくき》と撤兵交渉をおこない、国器の弟国科《こくか》を人質とし泗川を離れた。

　島津隊、固城《コソン》の立花宗茂《たちばなむねしげ》隊、南海《ナムヘ》の宗義智《そうよしとし》隊、順天の小西行長隊など慶尚道の西海岸から全羅《チョルラ》道《ド》東部に布陣していた部隊は、昌善島《チャンソド》に集結することになっていたが、約束の期日、十一月十五日になっても小西隊は姿を現さなかった。蔚山や泗川の戦いと違って、順天では日本側が明・朝鮮軍を撃退したものの、決定的な勝利ではなかった。また、あくまでも日本軍を殲滅《せんめつ》すべきと唱える朝鮮水軍の李舜臣も順天攻撃を担当していた。小西行長は明将の劉綎《りゅうてい》と講和をまとめていたが、李舜臣は包囲の手をゆるめず、陳璘《ちんりん》率いる明水軍もこれに引き摺られるように日本軍と対峙し続けていた。

これを知った義弘は、立花宗茂・宗義智らを誘い、小西隊を救うため海路順天に向かった。十一月十八日、順天救出に向かう日本軍を、朝鮮水軍、明水軍が露梁《ノリャン》で迎え撃ち露梁海戦となった。この海戦で日本側は多大な損害を被ったが、その一方で李舜臣を戦死させるなど明・朝鮮側にも大損害を与え、小西隊を順天から脱出させることに成功した。

そして義弘らは日本軍のしんがりを務め、十一月二十四日、釜山を出港し十二月十日、博多に辿り着いた。日本軍が無事に朝鮮から撤退できたのは義弘の活躍によるところが大きかった。徳川家康をはじめ諸将は義弘を褒め称え、慶長四年正月九日には、かつて秀吉が島津氏から召し上げていた所領五万石が義弘の嫡男忠恒に与えられた。

豊臣政権側は、秀頼が成人するまで新しい知行は与えないと取り決めていた。その取り決めを破ってまで加増したことは、豊臣政権が義弘の功績をいかに高く評価していたかを物語っている。なお与えられた所領とは、朝鮮出兵に消極的な態度を取り、秀吉の逆鱗《げきりん》に触れ、文禄二年（一五九三）に改易された薩州家島津忠辰《ただとき》の旧領（現出水《いずみ》市一帯）と、文禄四年の太閤検地の際、島津氏から召し上げた秀吉直轄地（現始良《あいら》市加治木《かじき》町一帯など）・石田三成蔵入地（現霧島市国分《こくぶ》一帯など）・細川幽斎《ゆうさい》蔵入地（現鹿屋市串良《くしら》町一帯など）であった。

撤退の裏側で

日本軍の朝鮮撤兵に際し、四大老から撤兵指揮を命じられていたのは加藤清正であった。しかし加藤は指揮を執るようなことはせず、また撤兵に消極的であった。これに対し、前述のように島津義弘は撤兵を実現させるために積極的に動き回り、撤兵の道筋を付けている。

『旧記雑録』後編巻四十二に、万暦二十六年（慶長三・一五九八）七月二十五日付けで史《し》龍涯《りゅうがい》・与《よ》友理《ゆうり》が送った「諭箚《ゆとう》」が収録されている。「明軍百万が、近々、日本軍を攻める。そうなれば日本軍は全滅させられる。誅を加えるのは忍びがたいので講和を結べ」

というのである。そして、この事を記した『島津国史』（享和二・一八〇二年編纂）七月の条には、慶長三年七月に島津兵と明兵の小競り合いがあったことを記した後に「明将聞之、莫利先攻新寨（泗川新城）、乃遣二使、講和議、且窺虚実、其一人孫次郎也」と、「孫次郎」という日本名を持つものが使者として派遣されてきたとある。孫次郎とは、福建軍門許孚遠が薩摩に派遣した工作員が連れ帰った張昂のことである。

さらに七月二十五日の条には「参謀史世用復遣孫次郎、伝檄告」と、明軍参謀の史世用がまた孫次郎を遣わして檄告を伝えたとし、続いて『旧記雑録』に収録された「諭箚」を引用している。「諭箚」を送った一人史龍涯とは史世用のことであった。彼もまた福建軍門許孚遠が薩摩に派遣した工作員である。

この動きは、先に触れた福建順撫金学曾による林震虩の薩摩派遣と連動している可能性もある。明の諸葛元聲《しょかつげんせい》が編纂し、万暦三十四年（慶長十一・一六〇六）に刊行された『両朝平攘録《りょうちょうへいじょうろく》』巻四「日本下」に、「万暦二十六年四月に明将茅国器が、部下の茅明時に日本を諭す檄文《げきぶん》（通告文）を書かせ、参謀の史世用に秀吉の十大悪行を挙げさせ、日本の諸将に秀吉への離反を促させた」とある。金学曾が林震虩に薩摩派遣を命じたのも万暦二十六年四月である。史世用が泗川で島津義弘に講和を働きかけていた頃、薩摩では林震虓が義久に仕える中国人医師・許儀後と接触していた。許儀後はその後、泗川に向かっている。島津氏の領国薩摩と、島津義弘が陣を構える朝鮮の泗川で、ほぼ同時に中国側の工作員が島津側に接触を図っているのである。

明と島津の信頼関係

この中国側の動きを受けた島津側の反応が、明側の史料『両朝平攘録』に記されている。またこれを参考にしたのか、非常に似た文章が薩摩藩が編纂した『旧記雑録』後編巻四十二の「家久公御譜中」「義弘公御譜中」にも記されている。それは、

九月、茅国器の配下の兵が泗川新城を偵察していたところ、城から一人の朝鮮人夫人が出てきた。捕らえると、その女性は一枚の紙を差し出した。それには「この夫人は異国に連行されようとしていた。これを憐れんで自分がこの女性を買い取り、故郷に帰してやろうとしている。明の兵士は彼女を殺さないで欲しい」とあり、差出人として「自分の姓は令公《れいこう》の末裔《まつえい》、埋児の父、名は或がある口に才が無い按」とあった。

騎兵から報告を受けた茅国器は差出人の謎かけが解けなかったが、参謀の諸葛繡《しょかつしゅう》（鏽）がその謎を解いた。「令公の末裔」とは郭令公（子儀《しぎ》）の子孫、「埋児の父」とは「二十四孝」の一人の郭巨《かくきょ》（母を救うため泣く泣く我が子を埋め殺そうとしたところ、天が郭の孝心を褒め金の釜を授けて子供を救ったという）で、共に姓が「郭」である。「或がある口に才が無い按」は、「國」「安」で、差し出したのは「郭國（国）安」であると判明した。茅国器・諸葛繡には心当たりがなかったが、参謀の史世用に伝えたところ、史世用は喜び、「郭国安は、かつて自分が日本に行った時に会い、明のために働くと約束した人物である」と言って、彼と連絡を取らせてもらいたいと申し出た。

そして史世用は郭国安に、

九月二十日に明軍が泗川新城の支城・望津《ぼうしん》城を攻める。島津側に内応する気があれば、城に火を放って退却せよ。

と伝えた。そして実際に望津城を攻めると火の手が上がり、島津兵は城を放棄して泗川新城へと向かった。

十月一日に明軍が泗川新城に総攻撃を仕掛け、島津側がこれを撃退し、明軍に大損害を与えたことは前述の通りである。講和に向けた話が進められていた最中に両軍が激突したことについて、『島津国史』『西藩野史』など、後世に薩摩で編纂された諸書には、島津義弘が郭国安と史世用との連絡を認め、望津城を焼かせたのは、明側を油断させるための作戦で、明側はこの計略にまんまと引っかかり大敗したのだと記されている。

果たしてそうであろうか。私は、史世用と郭国安らとの講和交渉が董一元らにまだ報告されていなかったか、あるいは望津城が簡単に落城したことに気をよくした董一元が講和に向けた動きを無視して攻撃を仕掛けたのではないかと思っている。というのも、泗川の戦いが終わるとすぐに、明側の茅国器・史世用と島津義弘・郭国安らが講和・撤退に向けた交渉を始めており、両者の信頼関係が維持されていたことがうかがえる。仮に義弘が計略を用いたのであれば、信頼関係が崩れ、講和話を進めるのは困難だったであろう。

中朝と島津側資料の符合

講和交渉は、朝鮮側の史料『宣祖実録』巻一〇五、宣祖三十一年（慶長三・一五九八）

十月条によれば、十月四日、島津義弘が城外に一書を掲げて講和を求めて来たことから始まったという。これを受けて七日に茅国器が使者を義弘のもとに派遣、十日にその返事が来た。そして十四日、茅国器は史世用を義弘のもとに遣わしたとある。

豊臣政権の大老が撤兵を命じたのが九月五日。その命を伝える徳永寿昌らが釜山に到着したのが十月一日、おりしも泗川の戦いが繰り広げられた日であった。そして、徳永らが泗川に赴き、義弘に命令を伝達したのは十月八日のことである。義弘らは撤兵命令が着く前から、明側と連絡を取り合い、講和・撤兵を実現させようとしていたのである。

また、『両朝平攘録』「日本下」には、

茅国器が、義弘が秀吉を恨んでいること知って、弟の茅国科を義弘のもとに派遣し、明と講和を結び撤退するように促した。すると義弘の側にいた郭国安がこれに同調し、義弘に交渉締結を勧めた。また郭国安は密かに、秀吉が死去したこと、日本軍が撤兵を急いでいること、食糧が欠乏していることを告げ、釜山にある日本軍の食糧倉庫を焼き払うことを勧めた。

と、茅国器が弟の茅国科を義弘のもとに送りこんだ時、郭国安がこれをサポートし、まだ秘密とされていた秀吉の死、撤兵を急ぐ日本側の実情を伝え、撤兵を早期に実現させるには釜山の食糧倉庫を焼き払うのがよいと教えたとある。

一方、島津側にも、『旧記雑録』後編巻四十二に収録された、十月十四日付けで石田三成に宛てた島津義弘書状に、

> 昨日、この口（泗川）へれうがい（龍涯・史世用）と申す唐人まかり出で、御無事（講和および日本軍の朝鮮撤兵）の儀申し談じたきのよし申し出で候、折節、寺志（寺沢志《てらざわし》摩守《まのかみ》広高《ひろたか》）・小摂（小《こ》西摂津守行長《にしせっつのかみゆきなが》）越合致され候て龍涯へ対談なされ候、子細は寺志・小摂より申し上ぐべく候

と、十月十三日には、すでに史世用と島津義弘・寺沢広高・小西行長らが講和・撤兵について話し合ったとある。日本側で名を連ねた小西行長は、泗川から直線距離で五十キロほど離れた順天城の守将であった。順天城は劉綎率いる明軍、陳璘率いる明水軍、李舜臣率いる朝鮮水軍に包囲されていた。その順天を守っていた小西行長が明・朝鮮連

合軍の包囲網をかいくぐって泗川に姿を現し、義弘とともに史世用らと講和・撤兵について話し合い、また順天に戻り、防戦を指揮しているのである。

実は、『両朝平攘録』には「劉綎亦遣人諭行長」と、茅国器らが泗川の島津義弘らに講和・撤退を働きかけた際、同時に順天攻略を担当していた劉綎が守将の小西行長に講和・撤退に応じるよう諭したとある。順天城は、十月二日から明水軍・朝鮮水軍の激しい攻撃にさらされていたが、水軍と共に順天を攻めることになっていた劉綎の部隊はこれに参加せず、それどころか七日に突然、包囲網をゆるめている。この順天の動きも、泗川での明と島津との交渉と連動していたのである。

このように、朝鮮の現地では、撤兵命令が来る前から、明将の茅国器、その部下の史世用、島津義弘やその家臣の郭国安らを中心に、水面下で講和・撤兵の話が進められていた。だからこそ、四大老から撤兵指揮を委ねられた加藤清正ではなく、島津義弘が講和・撤兵で重要な役割を果たすことになったのであろう。

第三章　海洋国家薩摩

海の道

明が薩摩・島津氏と合力計画を推し進めることができたのは、明と薩摩（南九州）の間が太いパイプで結ばれていたからであった。かつて薩摩の港には数多くの外国船が浮かび、各地に外国人居留地が形成されていた。薩摩に住む外国人の中には、島津家の家臣となる者もいた。福建軍門に出兵情報を伝えた許儀後《きょぎご》・郭国安《かくこくあん》らもそうである。

帆船の時代、船はできるだけ陸地の近くを通って次の目的地を目指したため、大陸に近い九州は海外交易の拠点となった。その九州からは三つの海上交易路が大陸へと延びていた。まず一つは東シナ海の北側、博多や平戸など九州北西部の港から壱岐・対馬・五島を経て大陸へと延びた海上交易路、二つ目は東シナ海の南側、「海の道」「海上の道」と呼ばれる南九州から奄美・沖縄の島々を伝って大陸に至る海上交易路、そして三つ目が九州西岸からダイレクトに東シナ海を突っ切って大陸を目指す海上交易路である。西九州や南九州の海・港には、数多くの外国船が浮かび、あちこちに外国人居留地が形成されていた。外国に向かう日本人が最後に訪れる日本の港は西九州や南九州の港で、また外国人が最初に足をおろす日本の港も、西九州や南九州の港であった。西九州や南九州の港は、今日の成田国際空港や関西国際空港のような役割、さらに多くの物資が流通する横浜港や神戸港のような主要貿易港の役割を併せ持つような存在だったのである。

一般に、日本の海外交易の窓口といえば長崎が連想されるが、それは、十七世紀に徳川幕府が日本人の海外渡航を禁じ、外国船の寄港地を長崎などに限定したため、こうしたイメージが形成され、定着しただけである。徳川幕府が海外交易に制限を加える以前は、南九州の海にも数多くの外国船が浮かび、各地に外国人居留地が形成されていた。

例えば、先に紹介した許孚遠《きょふえん》『請計處倭酋疏《こうけいいしょわしゅうそ》』に、彼が薩摩に派遣した工作員の報告が収録されているが、それには「薩摩はいつもいろんな国の船が停泊する所で、ルソンに向かう船が四隻、交趾《こうち》（ベトナム）船が三隻、柬埔寨《かんぼじあ》（カンボジア）船が一隻、暹羅《しゃむろ》（タイ）船が一隻、仏郎機《ふらんき》（ヨーロッパ）船が二隻いた」とある。中国船の存在は記されていないが、工作員の乗船を含め複数存在していたと思われる。

また、「唐湊《とそ》」（鹿児島市）、「唐仁《とうじん》（唐人）」（霧島市国分《こくぶ》中央・南さつま市加世田《かせだ》・同坊《ぼうの》津《つ》・指宿《いぶすき》市山川《やまがわ》・いちき串木野《くしきの》市湊《みなと》町・南大隅《おおすみ》町根占《ねじめ》・東串良《ひがしくしら》町・宮崎県都城《みやこのじょう》市・同串間《くしま》市・同日南《にちなん》市など）、「唐房《とうぼう》（当房）」（南さつま市加世田・薩摩《さつま》川内《せんだい》市五代《ごだい》町など）など、南九州に「唐」がつく地名が数多く残されているのは、外国人居留地があった名残である（柳原敏昭『中世日本の周縁と東アジア』）。

さらに、鉄砲伝来やキリスト教伝来など、日本とヨーロッパの出会いの舞台も南九州である。これは、ヨーロッパ人たちが東南アジアから中国南部へ、そして「海の道」を北上してきた結果であった。

このように九州には国境をまたいで活動す

る人が、外国人を含めて大勢いた。彼らの動きは、世界史的な歴史の流れに乗ったもので、日本の国内情勢だけを見ていてはその動きが追えない、理解できない。九州では日本史から世界史にはみ出たような、日本の他地域とはやや異なる歴史ストーリーが育まれていたのである。その様子を島津氏の領国薩摩を中心に見てみよう。

明の海禁政策

日本国内が南北朝の動乱で戦いに明けくれていた頃、中国では蒙古民族を支配者とする元に対して、漢民族が次々と反乱を起こし、一三六八年に朱元璋《しゅげんしょう》（太祖《たいそ》・洪武帝《こうぶてい》）が明朝を樹立させた。また、朝鮮でも日本人の海賊倭寇《わこう》の鎮圧に功績を挙げた李成桂《イソンゲ》が、一三九二年に高麗《こうらい》を滅ぼし、李氏朝鮮を建国した。日本を取り巻く国際環境が一変したのである。

特に明は皇帝を頂点とし、周辺諸国の王をその家臣とする世界秩序体制を築こうとし、日本はその影響を強く受けた。

明が採った制度は、皇帝が周辺諸国の国王に王の位を授ける（冊封《さくほう》）というものであった。家臣となった国王は、主である皇帝へ貢ぎ物を捧げ（進貢《しんこう》・朝貢《ちょうこう》）、皇帝は貢ぎ物

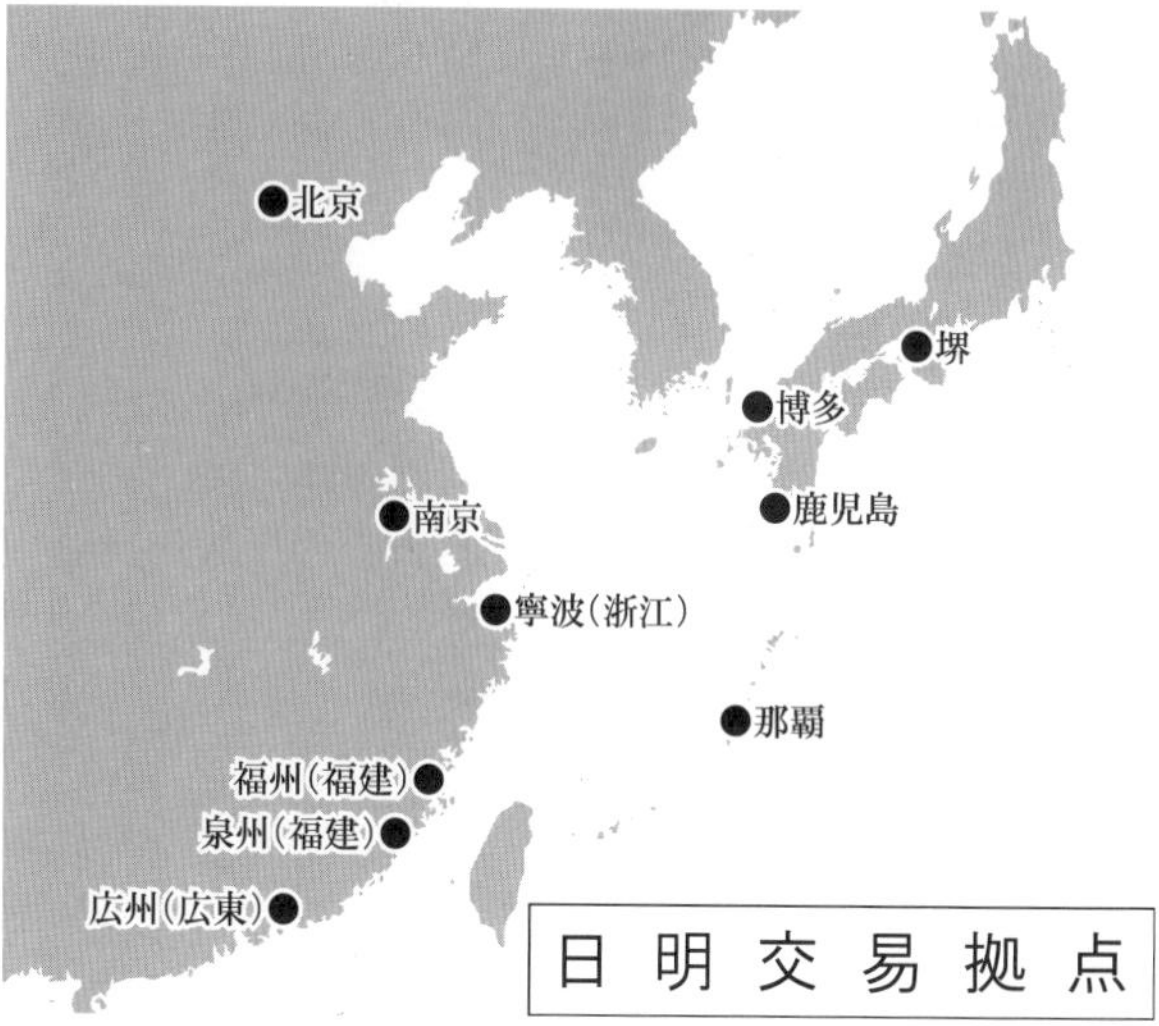

日明交易拠点

に対する返礼品を国王に授ける（回賜《かいし》）。そして、周辺国の国王に対しては、国王の金印と正式な使者に持たせる「勘合《かんごう》」という符験《ふけん》（外交資格証明書）を授け、進貢使には国王の印を捺した勘合を所持させることを義務づけ、使者を受け入れる窓口として、広州《こうしゅう》（広東《カントン》）・泉州《せんしゅう》（福建）・寧波《ニンポー》（浙江《せっこう》）の港を開き、ここに市《し》舶司《はくし》を置いて管理に当たらせた。

冊封とそれに伴う朝貢・回賜が中国と周辺諸国の唯一の外交・交易手段とされた。これが朝貢貿易である。日本では勘合を用いることから勘合貿易とも呼ばれた。さらに、明はこの体制を維持・強化するため、一切の私貿易、一般国民が私《ひそ》かに海に出ることを禁じた。それが海禁《かいきん》である。海禁は、当時、朝鮮・中国沿岸を荒らし回っていた倭寇や、朱元璋のライバルであった方国珍《ほうこくちん》らの残党の動きを封じるという意味合いも持っていた。

日本も明の冊封を受け入れた。まず建徳《けんとく》二年（応安《おうあん》四・一三七一）、南朝方の征西将軍《せいせいしょうぐんの》宮《みや》の懐良親王《かねよししんのう》が冊封を受け入れ、翌年、明の洪武帝は懐良親王を「日本国王」に封じた。ついで、応永《おうえい》八年（一四〇一）足利義満が明に冊封を求める使者を派遣し、翌年、建文《けんぶん》帝《てい》から「日本国王」に封じられた。なお、島津氏も応安《おうあん》七年（一三七四）に六代氏久《うじひさ》が明に使者を派遣し冊封を受けたいと願い出たが、明から、島津は陪臣、国王クラスしか進貢を認めないと拒否されている。

勘合貿易

懐良親王は「日本国王」に封じられた時、すでに大宰府を追われ、南朝方は朝貢をおこなう余裕はなかった。このため日本が明に朝貢するのは三代将軍足利義満以降であった。当初は毎年のように朝貢のため遣明船が派遣されていたが、義満の子義持《よしもち》は明から冊封されることを嫌い、朝貢を取りやめた。六代義教《よしのり》の代に復活したものの、嘉吉《かきつ》元年

（一四四一）義教が暗殺されたため長続きせず、また途絶えた。八代将軍義政《よしまさ》の代になって再度復活したが、宝徳《ほうとく》三年（一四五一）、十八年ぶりに派遣された遣明船は九隻もの大船団で、莫大な貨物を搭載し、乗員数は千二百人に達した。多大な負担を強いられた明は、日本に対し、以後は十年一貢（朝貢は十年に一回）、使船数三隻以内、船員総数三百以下とするように命じた。

またこの頃から、遣明船の派遣主体も大きく変わっている。

遣明船の派遣に必要な勘合は、割印・割書があり偽造は不可能であった。さらに明皇帝から授けられた「日本国王之印」を定められた場所に捺し、咨文《しぶん》という外交文書を決まった書式に基づいて書き添える必要があった。明との貿易を望むものは、将軍が印を捺し、咨文を書き添えた勘合を付与してもらわなければならなかった。このため室町将軍が勘合貿易を独占できたのである。

しかし、足利義教の暗殺後、将軍家では内紛が続いた。一四五〇年代には家臣団の対立が激化し、応仁の乱（一四六七～一四七八）へと発展した。将軍の権威は衰退し、将軍は管領細川《かんれいほそかわ》氏の操り人形のような存在となり、勘合貿易の独占体制も崩壊した。

義教暗殺後の混乱期の寛正《かんしょう》六年（一四六五）に渡海した遣明船は、幕府船・大内船・

細川船の三隻からなっていたが、当時、細川氏と大内氏は激しく対立していた。

京につながる関西の港湾は、瀬戸内海方面に伸びた兵庫津と、紀州・土佐へと伸びた堺があった。兵庫津が古くから海外交易の拠点として栄えていたが、瀬戸内海・兵庫津は大内・山名氏など反細川方の勢力圏にあったため、幕府・細川船は堺から出航し、土佐沖を抜け、南九州の島津氏領の港を経て中国へと向かうルートをとった。こうして博多商人と手を組んだ大内氏、堺商人と手を組んだ細川氏の対立の構図ができあがったのである。

島津氏は、領内の硫黄島などで産する硫黄が明への主要輸出品となっていたため、硫黄の調達や遣明船の警固などを命じられ、早い段階から勘合貿易に係わっていた。これに加え、薩摩の地が堺から派遣される遣明船の主要寄港地となったため、より一段と強く勘合貿易に係わるようになり、堺と太いパイプで結ばれることになるのである。

十五世紀末になると、十代将軍義稙《よしたね》（一四六六〜一五二三、将軍在位一四九〇〜一四九三と一五〇八〜一五二一）の系統と、その従弟で十一代将軍となった義澄《よしずみ》（一四八〇〜一五一一、将軍在位一四九四〜一五〇八）の系統とが対立するようになった。両者は、それぞれ勢力の維持・拡大のため外交・交易の権利書ともいうべき勘合も利用した。

義稙を幽閉し、義澄を将軍に据えたのは細川政元《ほそかわまさもと》であった。義澄を追放して、義稙を将軍に返り咲かせたのは大内義興《おおうちよしおき》であった。こうしたこともあって新しい正徳勘合《せいとくかんごう》は大内氏に、古い弘治《こうち》勘合《かんごう》は細川氏らの手に渡った。なお日本国王の印は偽造されたようである。毛利博物館に大内氏が使ったと思われる「日本国王之印」の木印が伝わっている。

寧波の乱

十六世紀に派遣された遣明船は、日本国王である足利将軍の関与は名ばかりとなり、大内・細川両氏の手でおこなわれるようになった。両氏は遣明船の主導権を巡って激しく対立し、大永《たいえい》三年（嘉靖《かせい》二・一五二三）には、中国の寧波《ニンポー》でついに衝突した。

衝突は大内氏と細川氏がそれぞれ独自に遣明船を派遣したことが原因であった。寧波に先に到着したのは大内船であった。大内船は有効な正徳勘合を携えていた。その数日後、無効となっていた古い弘治勘合を携えた細川船が入港した。本来であれば細川船の入港は認められないはずだったが、細川船に乗っていた明人宋素卿《そうそけい》が市舶司に賄賂を贈り、細川船が有利なように取り計らわせた。これに激怒した大内船の乗組員たちが細川船を焼き、町に放火して、明の官僚などを殺害したのである（寧波の乱）。

事件後、宋素卿は捕らえられ獄死し、賄賂を受け取っていた浙江の官僚たちも糾弾され、嘉靖八年（享禄《きょうろく》二・一五二九）には市舶司が廃止された。明は日本からの遣明船の監視を厳重にし、遣明船の派遣は大内氏が独占するようになった。しかし、その大内氏も、天文《てんぶん》二十年（一五五一）、大内義隆《よしたか》が家臣陶隆房《すえたかふさ》に討たれて大内氏が滅亡。それに伴って勘合貿易は途絶えた。

朝鮮出兵の最中、沈惟敬《ちんいけい》や小西行長らが豊臣秀吉を日本国王に封じて出兵を終わらせようとしたのは、この時に途絶えた明と日本の国交を復活させれば秀吉が満足すると思ってのことであろう。

銭と銀

日本が明から輸入したものは、銭貨、生糸・絹製品、陶磁器、薬種、書籍、絵画などであった。中国製の銭貨は平安時代末頃から大量に輸入され、鎌倉時代にはその流通なしには国内経済が回らないような状態となっていた。勘合貿易でも洪武通宝・永楽通宝など大量の明銭が輸入され市中に出回った。ただ勘合貿易は宋時代の貿易に比べ低調で、しばしば中断したので供給量は不安定で、庶民たちもその影響を受けた。また、日本からの輸出品は、刀剣をはじめとする武具、扇子などの工芸品、さらに硫黄や銅・銀などの鉱産物であった。

十五世紀半ば、明では商品流通の発展に伴って銅銭中心の貨幣体制では対処できなくなり、銀が多用されるようになった。これに伴って明では官鋳の銭貨の発行・流通が減少し、中国から輸入した銭貨で国内経済が回っていた日本は多大な影響を受けた。中国および日本各地で私鋳された銭貨が多数流通するようになったが、その多くは鐚銭《びたせん》（悪銭）と呼ばれた出来の悪い粗悪なものであった。鐚銭は嫌われ、これを忌避・排除する撰銭《えりぜに》が盛んにおこなわれ、同時に撰銭を禁止する撰銭令も繰り返し出されるようになったのである。

さらに、明の税制改革が銀の需要を急増させた。明では、十六世紀半ば頃から、複雑化していた税制を、丁税（人頭税）と地税の二つにまとめ、これを銀で一括納税させる「一条鞭法《いちじょうべんぽう》」が採用されるようになっていた。十六世紀後半にはこれが明全土に拡大され、銀の需要が急増したのである。

明国内の産銀では、需要をまかなうことができず、明は国外にこれを求めるようになった。そしてこれに応えたのが日本産の銀であった。

日本の産銀量は、十五世紀までさほどではなかったが、大永六年（一五二六）に博多商人神屋《かみや》寿禎《じゅてい》と出雲国鷺浦《さぎうら》（現島根県出雲市大社町）の銅山師三島清右衛門が石見《いわみ》銀山（現島根県大田市）を開発し、天文二年（一五三三）に灰吹法という朝鮮伝来の銀精錬法を導入したことにより産銀量が急増した。その技術は生野《いくの》銀山（現兵庫県朝来市）や鶴子《つるし》銀山（現新潟県佐渡市）などにも伝えられ、十六世紀、日本の産銀量は飛躍的に伸び、全世界の約三分の一を占めるまでとなった。その銀が明の銀需要を支えたのである。

石見銀山から明へ流れたルートは、銀山を開発したのが博多商人の神屋寿禎で、開発時に銀山を支配したのが、博多商人と手を組んで熱心に勘合貿易をおこなった大内氏だったことから、主に博多経由であったことが想像できる。この他、倭寇や十六世紀半ばに新たに交易に参入したヨーロッパ人らの手でも明に運ばれた。その場合、南九州を経由していく場合が多々あったことを示す史料もある。

その一つが『中務大輔家久君御上京日記《なかつかさだいぶいえひさぎみごじょうきょうにっき》』（国宝・東京大学史料編纂所所蔵）である。家久は、先に紹介した義久・義弘の弟で、天正十五年（一五八七）に島津氏が豊臣秀吉に降伏した直後に急死した人物である。彼は、天正三年、串木野《くしきの》（現いちき串木野市）領主時代に伊勢神宮に参詣し、途中、見聞したことを日記に書き残している。

家久は山陽道を通って京都・伊勢に行き、帰路は山陰道をとった。山陽道や京都などで薩摩の人と出会うことはなかったが、六月二十四日に石見銀山に着いてから、七月十日に京泊《きょうどまり》（現薩摩川内市）衆の船に便乗して浜田（現島根県浜田市）を出港するまでの間に、加治木《かじき》（現姶良市）衆三十人、伊集院《いじゅういん》（現日置《ひおき》市）の大炊左衛門、喜入《きいれ》殿の舟衆、秋目《あきめ》（現南さつま市）舟衆、東郷《とうごう》（現薩摩川内市）の舟衆、白和《しらわ》（同前）衆、入来《いりき》（同前）の別当権左衛門、鹿児島の町衆、阿久根《あくね》（現阿久根市）の神左衛門ら、連日、大勢の薩摩の人々に出会い酒を酌み交わしている。彼らが銀を求めに来たというような記述は一切ないが、それ以外に大勢の薩摩の人々が石見銀山まで行く理由は見あたらない。

また、寛永十七年（一六四〇）に薩摩国・大隅国境で山ヶ野《やまがの》金山（現さつま町永野《ながの》、霧島市横川町上ノ《よこがわかみの》）という大金山が発見されたが、発見したのは肥後の山師《やまし》半屋為右衛門と石見の山師内山与右衛門《うちやまよえもん》であった。今も山ヶ野地区の古寺跡には石見出身者の墓が残されている。さらに鹿児島の郷土菓子に「ゲタンハ（下駄の歯）」がある。かつては「横川菓子」と言われ山ヶ野金山のある横川地区の銘菓であったが、同じものが「ゲタノハ」の名で石見銀山地区の郷土菓子として伝えられている。奄美の郷土料理「鶏飯《けいはん》」も石見地区では「奉行飯」の名で同じものが食されている。こうしたことも、薩摩と石見が古くから密接な関係を持っていたことを示している。

琉球王国の繁栄

『明史』に周辺諸国からの朝貢回数が記されている。最も多いのは琉球（沖縄）で百七十一回、二番目が安南（ベトナム）八十九回で、烏斯蔵《ウシゾウ》（チベット）七十八回、哈密《ハミ》（新疆ウイグル自治区東部）七十六回、占城《チャンパ》（ベトナム）七十四回、暹羅《シャム》（タイ）七十三回、土魯番《トルファン》（新疆ウイグル自治区中東部）四十一回、爪哇《ジャワ》（インドネシア）三十七回、撒馬児罕《サマルカンド》（ウズベキスタン）三十六回、朝鮮三十回と続く。日本はわずか十九回である。

これは、明と日本の勘合貿易がうまく機能していなかったことを示している。天皇が存在し、足利将軍が明から日本国王の称号を授けられることに対する反発があり、中断を繰り返した。さらに将軍権威の衰退により、国家間の外交というより家臣・商人主体の交易となってしまったこと、途中から十年一貢とされたことなどによる。他の諸国は、おおむね三年一貢を基本としていた。

逆に琉球の朝貢回数の多さが目を引く。二位安南のほぼ倍の回数である。

明朝が成立した頃、琉球は北山《ほくざん》・中山《ちゅうざん》・南山《なんざん》の三つの王国に分裂しており、それぞれが明の冊封を受け入れ朝貢していたが、一四二〇年代に中山王・尚巴志《しょうはし》が三山を統一し、朝貢も一本化された。成化《せいか》五年（一四六九）には尚徳《しょうとく》王が死去し、その混乱に乗じて、外交・交易を司る御物城御鎖側《おものぐすくうずぬすずば》という要職に就いていた金丸《かなまる》が第一尚氏を滅ぼし、王位を奪い尚円《しょうえん》王となった。尚円王の血筋である第二尚氏が明治五年（一八七二）の琉球処分（琉球王国の廃止）まで琉球を治めた。この間、第一尚氏・第二尚氏ともに、明《みん》、そして清《しん》の冊封を受け入れ朝貢し続けたのである。一貫して琉球国王、つまり国家として朝貢し続けたことは、外交権が将軍からその家臣・商人たちに簒奪《さんだつ》された日本とは大きく異なる。なお、一貫して冊封を受け入れ続けた琉球は、日本のような独自の年号を持たず、中国年号が使用され続けた。

一方、明側も、琉球を南海産品入手の窓口と位置づけて優遇した。当初、明は琉球国王の朝貢回数に制限を設けていなかった。好きなだけ朝貢できたのである。さらに朝貢船も明が無償提供しており、この船を操船する船乗り、外交文書の作成など朝貢を支える人材も明が派遣していた。やがて朝貢は一年一貢ないし二年一貢とされたが、それでも朝貢回数は他国を圧倒した。

万暦二十一年（文禄二・一五九三）、島津家に仕える中国人家臣許儀後らとの接触に成功し、福建に戻ろうとした史世用《しせいよう》が琉球近海で遭難した際、琉球王府に助けられ無事に中国に送り届けられたのはこうした繋がりがあったからである。

また、琉球の朝貢船寄港地は福建の泉州と定められていた。しかし、実際には福州（福建）・広州（広東）・寧波（浙江）など中国沿岸各地に自由に寄港できた。さらに琉球王府は、シャム・マラッカ・ルソン・ベトナム・パタニ・パレンバン・ジャワ・サムドラなど東南アジア各地へ使節を派遣し、明への進貢品確保を名目に交易を行った。琉球からの輸出品は、明から豊富にもたらされる陶磁器で、輸入品は胡椒《こしょう》や蘇木《そぼく》・象牙《ぞうげ》などであった。東南アジアへの使節派遣は隆慶《りゅうけい》四年（一五七〇）まで続いた。

日本へも十五世紀初頭から将軍に対する使節が、ほぼ毎年派遣されていた。しかし、応仁の乱による混乱を機に途絶えた。またこれと並行し、博多・堺・薩摩などの商人たちの船がひんぱんに琉球に来航していた。琉球王府から使節船の来航が途絶えると、近畿地方では使節船がもたらしていた中国・東南アジアの産品の入手が困難になり、これを補うため堺からより多くの商船が琉球に向かって船出するようになった。

日本から琉球に渡った者の中には、那覇に拠点を構え、居住する者も現れた。最初に紹介した藤原惺窩《せいか》に葡萄焼酒を振る舞った内之浦の港津役人竹下宗意も、妻子は琉球に住んでおり、その一人であったことがうかがえる。

また、琉球王府は、朝鮮に対しても使節を派遣していたが、永楽《えいらく》十九年（一四二一）に使節船が倭寇に襲撃されたのを機に派遣を取りやめた。これに代わって、朝鮮・対馬に強いパイプを持つ博多商人がこれを代行するようになった。

堺と琉球を結ぶ海上交易路、博多・朝鮮と琉球を結ぶ海上交易路を多くの船が行き交うようになったが、この二つの海上交易路は南九州で交わり一つになった。そして、「海の道」を伝って琉球へ、そして琉球からさらに中国・東南アジアへと延びていたのである。琉球は、日本・中国・朝鮮・東南アジア諸国などを結ぶ海上交易路の中継地として栄えた。

朝鮮沿岸部を襲った前期倭寇

十四世紀半ば、朝鮮半島沿岸部を倭寇が襲撃するようになった。高麗《こうらい》は元の支配を受けて国力が衰え、日本側も南北朝の動乱で、朝廷や幕府といった中央政権の力が地方に及ばなくなり、統制から外れた人々が米穀など生活必需品、労働力としての人民を強奪するために朝鮮に向かうようになったのである。これに高麗の賤民《せんみん》や、高麗朝に反発する勢力も加わり、倭寇の勢力は拡大し、襲撃範囲も朝鮮北部や中国の山東半島や江南の沿岸部に広がった。

高麗側も倭寇の激化に伴って軍備を強化し、次第にその成果が現れるようになっていった。しかし皮肉なことに、恭譲王《きょうじょうおう》四年（明徳三・一三九二）、高麗は倭寇対策で功績を挙げた李成桂《イソンゲ》によって滅ぼされてしまうのである。

李成桂が打ち立てた李氏朝鮮は、武力で倭寇を封じ続けた。世宗《せいそう》元年（応永二十六・一四一九）、朝鮮は一万七千もの兵を倭寇の拠点となっていた対馬に送り、倭寇に大打撃を与えた（応永の外寇《がいこう》）。しかし決定的な打撃とはならず、その後も倭寇の活動は続いた。

武力だけで倭寇を鎮圧することはひじょうに困難であった。このため李氏朝鮮は外交・懐柔策も重視して倭寇鎮圧を目指した。

まず李成桂は、一三九二年に即位するとすぐに、捕らわれた人々の送還と倭寇禁止を求める使者を室町幕府に派遣した。足利義満《よしみつ》も倭寇に捕らえられていた被虜人《ひりょ》を送還するとともに、九州地方の武士に賊船の取り締まりを命じたとする答書を携えた使者を朝鮮に送った。その後も何度か使者の交換が続いたが、国家間の外交はうまく機能しなかった。

懐柔策としては、まず倭寇に帰順を勧め、応じた者には田地や家財を与えて優遇した。大勢の倭寇がこれに応じ、彼らは「投下倭人《とうかわじん》」「降倭《こうわ》」などと呼ばれた。その多くは対馬・壱岐・松浦《まつうら》地方の出身者が多かった。中には李氏朝鮮の官僚に取り立てられる者もいた。

倭寇の鎮静化と偽使の氾濫

また朝鮮側は正式な通商も認めた。対馬の宗《そう》氏をはじめ大内氏、筑前宗像《むなかた》社、少弐《しょうに》氏、肥後菊池《きくち》氏、薩摩の島津氏・伊集院氏など諸勢力が繰り返し使者を派遣し、活発な貿易がおこなわれるようになった。それとともに倭寇は沈静化していった。ただ使者の中には、対馬の宗氏や博多商人たちが仕立てた偽使《ぎし》が数多く混じっており、やがて偽使だらけとなった。

朝鮮側は、はじめ日本船の来航に制限を設けていなかったため、多大な負担にあえいだ。このため、十五世紀初頭にまず寄港地を釜山浦《プサン》（富山）、薺浦《チェポ》（熊川《ウンチョン》）の二港に限り、世宗八年（応永三十三・一四二六）に塩浦（蔚山《ウルサン》）を加え三浦《さんぽ》とした。三浦には取引所兼宿泊所として倭館《わかん》が設置された。

交易品は、日本からは銅・銀・硫黄・刀剣など日本産のものに加え、陶磁器・薬種・蘇木・象牙・胡椒など中国・南海産の物資がもたらされた。中国・南海産は、琉球・薩摩・博多を経由したものであった。一方、朝鮮からの輸出されたのは織物類、仏具・教典であった。織物類の中でも特に木綿が重要であった。近世初頭に日本で木綿の生産が普及するが、それまでは朝鮮の木綿が日本人の衣服に用いられていたのである。また、朝鮮では儒教の普及とともに仏具・教典が不要となり、それが日本にもたらされたのである。

ただ、日朝間の交易は、日本側には多大な利益をもたらしたが、朝鮮側は倭寇対策で始めたということもあり、日本船を優遇していたため、あまりうまみがなかった。負担にあえいだ朝鮮側は貿易制限を強化し、木綿などの交換レートを引き上げたが、日本側はこれに不満を募らせ、中宗《ちゅうそう》四年（永正七・一五一〇）、三浦に居住する日本人たちが対馬の宗氏の援軍を得て武力蜂起した（三浦の乱）。蜂起は失敗、日本人たちは三浦から追放された。

中宗六年、朝鮮は薺浦を開港し、宗氏が派遣する船を従来の年五十隻から二十五隻に半減させた上で来航を認めた。ただし居留は禁止された。中宗十五年、釜山浦も開かれたが、中宗三十八年、倭寇が朝鮮を荒らしたため二港とも閉鎖され、明宗《めいそう》二年（天文十六・一五四七）に朝鮮と宗氏の間で「丁未約定」が結ばれ釜山浦が再び開港された。そして、これが秀吉の朝鮮出兵時に釜山が日本軍の上陸地・中経拠点となることに繋がったのである。

「後期倭寇」は多国籍の武装商人

十四・十五世紀に朝鮮沿岸部を襲った倭寇は、朝鮮の懐柔策が功を奏し、十五世紀後半には次第に衰えていった。ところが、これと入れ替わるように十六世紀には中国沿岸部から東南アジアの広い範囲を倭寇が襲うようになった。ただし、「倭寇」と一括りにされているが、十四・十五世紀に朝鮮沿岸部を襲った倭寇と、十六世紀に中国沿岸部から東南アジアを荒らし回った倭寇は、性質・目的・構成員などはまったく異なる。十六世紀に中国沿岸部から東南アジアを荒らし回った倭寇は、中国の海禁政策に反発し、交易を強行した多国籍の武装商人たちであった。これを「後期倭寇」という。

明がはじめて海禁令を出したのは、洪武四年（応安四・一三七一）頃で、海禁令が出されるとすぐに、これに反発する倭寇たちも活動し始めた。その活動が活発になるのは十六世紀、それも一五五〇年代で、七〇年代になると急速に衰え、やがて姿を消していく。『明史』「志第五十七、食貨五」の「市船」に、倭寇が盛んになったのは、嘉靖《かせい》二年（大永三・一五二三）の寧波の乱を機に、日本の入貢が止まり、勘合貿易に従事していた者たちが倭寇に転じたからだと記されている。確かに、寧波の乱を機に遣明船の派遣は大内氏だけとなり、天文二十年（一五五一）にその大内氏も滅亡したため、天文十八年の派遣を最後に途絶えた。勘合船が途絶えたことも倭寇が急増した一因であろうが、それ以上に日本の国内情勢や明を取り巻く国際環境の変化が急増の原因になっていると思われる。

まず日本の国内情勢だが、十五世紀末には管領の細川氏が幕府の実権を握り、十六世紀初頭にはその細川氏も内紛を繰り返し、やがて家臣の三好《みよし》氏に実権を掌握されてしまう。天文十七年（一五四八）には、管領細川晴元《ほそかわはるもと》が前将軍足利義晴《あしかがよしはる》とともに三好長慶《ながよし》の手で京都から追放された。晴元は京都奪還を何度か試みるが、三好に阻まれ、永禄六年（一五六三）に没した。さらに十三代将軍足利義輝《よしてる》は、永禄八年に三好氏・松永久通らの軍勢に襲撃されて殺されてしまう有様であった。

将軍の権威失墜・喪失は、地方での新たな権力の勃興に繋がった。武田信玄や上杉謙信・今川義元・織田信長ら戦国武将は、盛んに自己勢力拡大を図り日本国内の混乱に拍車がかかった。さらに、明皇帝と日本国王という国家間の使節のやりとりを基本とする勘合（朝貢）貿易の崩壊をもたらし、戦国大名・商人・海賊たちにより自由な活動の場を与えた。国家間の束縛から解き放たれた彼らは、国境を跨いで自由に行き来し、環東シナ海域では一段と多くの船・人・物が行き交うようになった。貿易の主流は、国家間の交易である朝貢貿易から、倭寇主体の民間レベルの密貿易へと移ったのである。立教大学の荒野泰典名誉教授は、このような状況、旧体制が崩壊して新しい国際秩序が再構築されるまでの状況を「倭寇的状況」と名付けている（荒野泰典『「鎖国」を見直す』）。

海禁令解除で衰退

明は、洪武四年（応安四・一三七一）頃に続き、同二十七年・同三十年・宣徳《せんとく》八年（永《えい》享《きょう》五・一四三三）・正統《せいとう》十四年（宝徳《ほうとく》元年・一四四九）などと繰り返し海禁令を出している。繰り返し出しているということは、なかなか海禁が守られず、密貿易が横行していたことを示している。

朝貢貿易と海禁の影響をもっとも受けたのは、中国南東部の浙江・福建・広東の商人たちであった。もともと彼らは海上交易で生計を立てており、これを放棄することは困難であった。また、中央から遠く離れていたため、海防・監視体制は不十分で、軍・官・民の癒着もひどかった。

当時、中国各地に「郷紳《きょうしん》」と呼ばれる富裕層がいた。彼らは、現職あるいは退職した官僚で、任地で莫大な資産を蓄え、任地あるいは郷里で強大な政治的発言力を持ち、地方経済を牛耳っていた。彼らは商人たちと手を組み、官僚に賄賂をおくって取り締まりを逃れて密貿易に乗り出した。そして密貿易に従事する者たちは同じ非合法的な貿易をおこなう日本人、さらに十六世紀初頭に中国沿岸に姿を現したポルトガル人たちと手をくむようになった。この非合法的貿易活動をおこなう多国籍の密貿易集団が後期倭寇である。

十六世紀半ばになると、密貿易の横行は無視できないレベルとなり、嘉靖帝は嘉靖二十六年（天文十六・一五四七）、朱紈《しゅがん》を浙江巡撫《じゅんぶ》（長官）に任命し、福建の海道提督軍務を管掌させて、密貿易・倭寇の取り締まりを命じた。朱紈は郷紳からの賄賂・工作を一切受け付けず、取り締まりを強化した。密貿易従事者たちもこれに対抗して武装を強化して抵抗した。朱紈は、嘉靖二十八年、郷紳たちの画策で失脚し服毒自殺に追い込まれたが、嘉靖帝は取り締まりの手をゆるめず、中国人倭寇とこれを取り締まる官憲の間で激しい戦いが繰り広げられることになったのである（嘉靖の大倭寇）。

この情況は、隆慶《りゅうけい》元年（永禄十・一五六七）、福建巡撫の塗《と》沢民《たくみん》の上奏によって海禁令が解除されたことを転機に大きく変化した。従来、密貿易とされていたものが、公許の貿易とされたのである。ただ解禁されたのは南海貿易だけで、日本との貿易は従来通り禁止とされた。それでも効果は絶大で、倭寇の活動は急速に衰えていった。

琉球王府の東南アジアへの使節派遣が、隆慶四年で終わるのも、中国が国民に南海貿易を許したからである。明から南海産物の受け入れ口として優遇されていた琉球王国は、その立場を失い、琉球王国の繁栄にかげりが見え始めた。

また日本でも豊臣秀吉が天下統一を推し進め、島津氏を降伏させた翌年、天正十六年（一五八八）に海賊禁止令を出した。倭寇の拠点となっていた九州に再び国家権力が影響力を及ぼすようになり、禁止令を無視した行動は取りにくくなってしまったのである。

薩摩拠点倭寇の大半は中国人

後期倭寇がもっとも猛威をふるったのは、「嘉靖の大倭寇」と言われる嘉靖年間（一五二二〜六六）であった。そのまっただ中の嘉靖四十一年（一五六二）、鄭若曾《ていじゃくそ》が倭寇に関する情報を集めて『籌海図編《ちゅうかいずへん》』という本を編纂している。

この『籌海図編』に「日本島夷《とうい》入寇之図《にゅうこうのず》」が収録されている。これは、東を上にした地図で、画面左端が朝鮮、下に中国大陸が広がり、右端は「安南国（ベトナム）」と記されている。画面上部の卵形の島に「日本」とある。そして倭寇の拠点として「対馬島」「五島」「薩摩州」が挙げられ、対馬からは朝鮮に延びた海路が描かれ「倭寇、朝鮮・遼東に至る総路」と、五島から中国中部に延びた海路には「倭寇、直（直隷）・浙（浙江）・山東に至る総路」と、薩摩から「大琉球」を経て中国南部・東南アジアに延びた海路には「倭寇、閩《びん》（福建）・広（広州）に至る総路」とある。中国沿岸部を荒らし回った倭寇、朝鮮半島に近い所は対馬、中部は五島、南部および東南アジアは薩摩が拠点となっていると記されているのである。

また、巻二「倭国事略」には、「入寇者、薩摩・肥後・長門三州の人居ること多し、その次則大隅・筑前・博多・日向・摂津・津州・紀伊・種島」と、入寇者が多い地域の

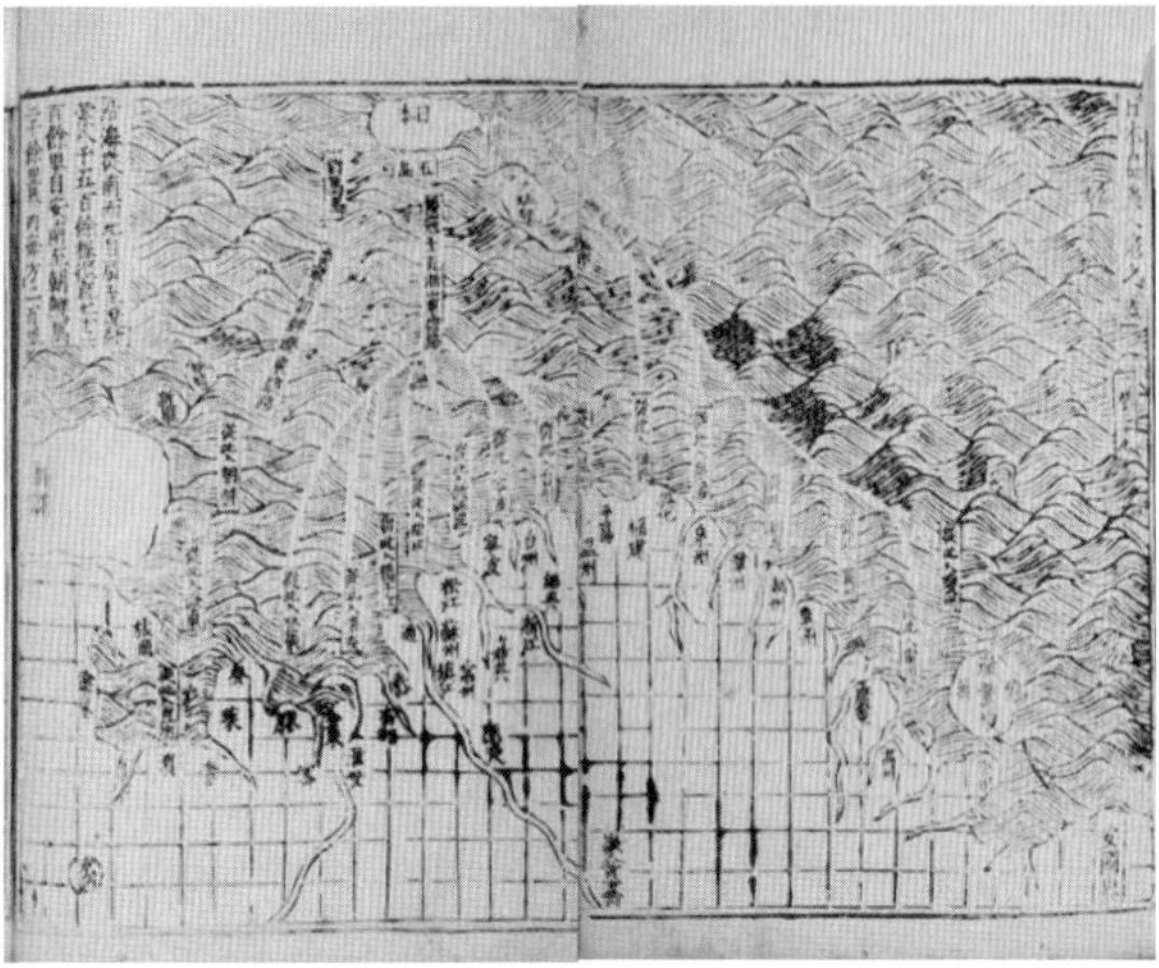

「日本島夷入寇之図」（国立公文書館デジタルアーカイブ）

筆頭に薩摩が挙げられている。大隅・種子島、さらに日向も別に拠点としてあげられており、南九州が倭寇の巣窟《そうくつ》となっていたことがうかがえる。

ただし巻十一「叙寇原」には「今の海寇は動《やや》もすれば数万を計《かぞ》え、皆、言を倭奴に托するも、その実は日本より出る者は数千を下らず、その余はすなわち皆、中国の赤子《せきし》（臣民）・無頼なる者」と、倭寇といっても日本人は一割程度で、大半は中国人だとある。また『嘉靖東南平《かせいとうなんへい》倭通録《わつうろく》』の嘉靖三十二年（一五五三）十月の条に「蓋《けだ》し江南の海警、倭は十の三に居るも、中国の叛逆《はんぎゃく》は十の七に居るなり」とあるように、中国側の多くの諸書に倭寇の大半が中国人であったと記されている。

『籌海図編』巻八「寇踪分合始末図譜《こうそうぶんごうしまつずふ》」には、中国人倭寇の頭目、金子老・李光頭・許東・王直《おうちょく》らの動きが図示されている。

その中の徐海《じょかい》は「和泉・薩摩・肥前・肥後・津州・対馬の諸倭」、陳東は「肥前・筑前・豊後・和泉・博多・紀伊の諸倭」、葉明は「筑前・和泉・肥前・薩摩・紀伊・博多・豊後の諸倭」を率いて入寇すると記されている。陳東の所には「(陳は)薩摩州君の弟、書記を掌る酋なり、その部下薩摩人多し」という註記がある。「薩摩州君」は、島津氏あるいはそれに準じる豪族を指しているのだろうが、島津一族や豪族の弟が倭寇となったというような記録は見たことがない。ちまたでは、十五代島津貴久の弟で、鹿籠《かご》(現枕崎市《まくらざきし》)を領有していた尚久《なおひさ》を陳東とする説も出回っているが、陳東が中国を荒らしまわったのは、嘉靖三十四年(弘治元・一五五五)から同三十五年で、その頃、尚久は兄貴久に従い、大隅の蒲生(現始良市)攻略戦に加わっており、尚久を陳東とするには無理がある。

また巻五「浙江倭変記」の嘉靖三十五年(一五五六)八月条に「惣督胡宗憲、いつわりて賊酋辛五郎を放ち洋にだし、総兵廬鏜に命じこれを擒《とら》えしむ」と、また巻九「金塘

之捷　嘉靖三十五年」に「辛五郎は宿寇徐海の偏裨（副将）なり」「その志は全浙を呑み、留都（南京）を窺わんと欲す、勢い甚だ猛なり」とある。また『明史』巻二〇五「阮鶚伝《げんがく》」に「盧鏜もまた辛五郎を禽して至る、辛五郎は大隅島主の弟なり」と書かれている（石原道博『倭寇』）。

中国人倭寇の拠点が薩摩であり、大勢の薩摩の人々がその仲間、あるいは手下として係わっていたことがうかがえる。明に出兵情報を伝えた許儀後や朱均旺は、こうした倭寇に捕らえられ、薩摩に連れてこられていた。そして、薩摩と明の合力計画も倭寇たちが行き交ったルートを活用して進められたのである。

第四章　西欧との出会い

大航海時代

中国沿岸を倭寇《わこう》が荒らし回っていた頃、ヨーロッパは大航海時代という、ポルトガル・スペイン両国が世界各地に進出する時代を迎えていた。

両国は、進出先でその土地の領有を巡ってしばしば争い、その紛争をなくすため、一四九四年、アフリカのセネガル沖にあるベルデ岬諸島の西三百七十レグア（約二千キロ）の大西洋上に、子午線にそった南北の線（西経四十六度三十七分）を引き、この線より東をポルトガル、西をスペインが支配するというトルデシリャス条約を締結した。

両国はこの条約に基づき世界各地へ進出した。

西を支配することになったスペインは、北米のアステカ、中央アメリカのマヤ、南米のインカ帝国を滅ぼして植民地を拡大した。また一五一九年には世界一周を目指すマゼラン艦隊がスペインを出港、一五二〇年にはマゼラン海峡を発見して太平洋に進出し、翌一五二一年にはフィリピンに到達した。マゼランはここで殺害されたが、生き残った船員たちが一五二二年にスペインに辿り着き、地球が丸いことを証明した。

これに伴って、ポルトガル・スペイン両国の間で、地球の反対側、すなわち太平洋側にも境界線を引く必要が生じ、一五二九年、サラゴサ条約を締結し、モルッカ諸島の東の太平洋上の子午線、東経百四十四度三十分を境とした。日本の北海道とオーストラリアのほぼ中央を結ぶラインである。フィリピンはこの線より西側、ポルトガル支配地内にあったが、いち早くマゼランが見つけたということもあり、スペイン領とされた。また、日本は境界線上に位置するため、後にポルトガル・スペイン両国から進出の対象とされた。

ただ、実際の進出においては、スペインは南北に長いアメリカ大陸、海の難所のマゼラン海峡や広大な太平洋に行く手を阻まれて出遅れた。スペイン領とされたフィリピンですら、実効支配するようになるのは、一五六〇年代半ばにメキシコ―マニラ間を結ぶ航路が開発され、一五七一年にマニラを占領してからのことであった。

一方、東を支配することになったポルトガルは、順調に大西洋を南下してアフリカ各地に拠点を築き、一四九八年、バスコ＝ダ＝ガマが喜望峰をまわってインドのカリカットに到達した。一五一〇年には、アルブケルケ率いるポルトガル艦隊がゴアを、翌一一年には東南アジアの要衝マラッカを攻撃して占領した。

ポルトガル人たちは、マラッカで中国や東アジア諸国、琉球《りゅうきゅう》の人々と接触し、琉球の向こうに黄金伝説の国日本「ジパング」が実在することを知った。一五一二年から一五一五年までマラッカに滞在したポルトガル人トメ・ピレスは、琉球人のことを「正直な人間で、奴隷を買わないし、たとえ全世界と引き換えでも同胞を売ったりしない」と称え、「（琉球の）国王はシナ（中国）の国王の臣下で朝貢《ちょうこう》している」「彼らはシナ人と一緒に取引をし、またしばしば自分自身でシナのフォケン（福建）の港で取引をする」「彼らはジャンポン（日本）へ赴く。それは海路七、八日の航路の所にある島である。彼らはそこでこの島にある黄金と銅とを商品と交換に買い入れる」（トメ・ピレス『東方諸国記』）と記している。

さらにポルトガル人たちはマラッカから北上して中国を目指した。一五一七年から一五二二年にかけて使節団を派遣して明との国交樹立を図ったが、冊封《さくほう》体制を維持しようとする明はこれを受け入れず、合法的な交易の道は閉ざされた。このためポルトガル人たちは密貿易に転じ、倭寇と連携して活動するようになった。そして倭寇に導かれ、彼らの進出コースを逆走するような形で、中国南部から沖縄や奄美の島々を伝って北上し日本に到達した。その結果、天文《てんぶん》十二年（一五四三）、三人のポルトガル人を乗せた中国人倭寇王直《おうちょく》の船が種子島に漂着し（一五四二年とも）、鉄砲伝来、西欧では日本発見となるのである。

また、天文十八年に鹿児島に上陸し、キリスト教を伝えたフランシスコ・ザビエルも、「海賊（ラドロン）」というあだ名を持つ中国商人の船に乗ってきたと書き残している（一五四九年十一月五日付ザビエル書翰）。彼もまた中国人倭寇の船に乗って来日していたのである。

鉄砲伝来

慶長十一年（一六〇六）、薩摩の学僧南浦文之《なんぽぶんし》が著した『鉄炮記《てっぽうき》』には、天文十二年に中国人倭寇王直の船が種子島に漂着し、この船にポルトガル人たちが乗船していたこと、領主の種子島時堯《ときたか》が彼らから二挺の火縄銃を買い取ったこと、そして鉄匠に命じてその製法を研究させ、鉄匠たちは苦労したものの製造に成功したことが書かれている。さらに、時堯は買い取った火縄銃の一挺を紀州根来《ねごろ》寺の杉ノ坊に贈ったとあり、堺の商人橘屋又三郎《たちばなやまたさぶろう》が種子島に一、二年滞在して火縄銃の製法を学んで帰国、以後、畿内・関西だけでなく関東などにも火縄銃が広まったとも記されている。

実際、鉄砲伝来の数年後には、管領の細川晴元《はるもと》が火縄銃を手に入れ、やがて堺や根来で火縄銃の製造が始まっている。現代的な感覚で言えば、南九州に伝わったものは北部九州へ、そして中国・四国を経て近畿へと伝わりそうなものだが、現実には南九州からダイレクトに近畿地方に伝わっているのである。

そもそも、鉄砲は倭寇の手で五月雨《さみだれ》式に伝えられていた（宇田川武久『東アジア兵器交流史の研究』）。前述の『籌海図編《ちゅうかいずへん》』には薩摩だけでなく、和泉《いずみ》や摂津《せっつ》・紀伊《きい》なども倭寇の拠点として記されているから、いきなり近畿地方に伝わっても不思議ではない。しかし、勘合貿易に熱心であった細川晴元がいち早く火縄銃を入手し、勘合貿易の拠点であった堺が火縄銃の製造拠点となったことを考えると、鉄砲やその製造技術は、中国を目指した勘合船が辿ったコースを逆走して伝わったとみた方が自然に思える。

すなわち、勘合船や倭寇が辿った堺から薩摩、薩摩から奄美や沖縄の島々を経て中国大陸に至る海上交易路、この交易路を逆走するような形で、鉄砲はまず薩摩へ、薩摩から堺へと伝わり、全国に広まっていったのであろう。

そして火縄銃が伝来して十年ほど過ぎると、戦国大名たちの中には鉄砲隊を組織して戦闘に投入する者も現れた。さらに、天正三年（一五七五）に、織田信長が鉄砲隊を活用して武田の騎馬隊を撃破（長篠合戦）したように、鉄砲は勝敗を決するような、合戦に欠かせない武器となり、信長や豊臣秀吉による天下統一を加速させることに繋がったのである。

さて、その鉄砲をいち早く実戦に投入したのは薩摩の武士たちであった。その最も古い記録は、天文十八年（一五四九）に島津貴久《たかひさ》が、加治木《かじき》（現姶良《あいら》市）の肝付《きもつき》氏を攻めた黒川崎《くろかわざき》の戦いで、肝付側から鉄砲で攻撃を受けたというものである（『旧記雑録《きゅうきざつろく》』前編巻四十八「貴久公御譜」）。島津方では天文二十三年に蒲生《かもう》方の出城・岩剣《いわつるぎ》城（現姶良市）を攻めた時に、鉄砲で蒲生方を攻撃したというのがもっとも古い（『旧記雑録』前編巻四十八「於岩剱御合戦之刻之事」）。

その後、島津氏は大隅・日向に勢力を拡大、貴久の子義久の代、天正十四年には九州の大半を支配するまで成長したが、江戸時代半ばの薩摩の軍学者徳田《とくだ》邕興《ゆうこう》は、「島津家の軍衆諸々にて勝利を得たるは、諸士にすべて鉄砲を持たせ、よく用たる故にて、別に戦の法術はなし」と、島津勢が圧倒的な強さを発揮できたのは鉄砲を多用したからだと記している（徳田邕興『島津家御旧制軍法巻鈔』）。実際、明の主力部隊を撃退した慶長三年（一五九八）の泗川《サチョン》の戦いや、敵中突破を敢行して戦場を離脱した慶長五年の関ヶ原合戦でも、島津隊は鉄砲をうまく活用している。

Cangoxina

ヨーロッパ人が日本を発見してから四十年程後の一五八七年にメルカトルが作成したアジア図がある。

地図はよく行く所から正確に描かれるようになるので、ヨーロッパ人たちがどこを通って来たかが読み取れる。

アラビア半島やインドはかなり正確に描かれている。マレー半島・インドシナ半島も少しいびつだが、だいたいの地形は捉えられている。これはヨーロッパ人たちがよく行き来していたことを示している。インドネシアやフィリピン辺りは適当に島が散らしてある程度。あまり行った事がなく、たくさんの島があるという程度の認識だったことを物語っている。

16世紀末にメルカトルが作成したアジア図（個人蔵）

北に目を転じれば、朝鮮半島は描かれていない。まだ知られていなかったのである。日本もやっと場所が分かっただけ、どんな地形か把握されていなかったので、適当に一つの島として描かれている。

ただ興味深いのは、その日本の南部から中国大陸に向かって「Lequio（琉球）」の島々が連なっている様子が描かれている。奄美や沖縄の島々の様子はよく捉えられており、ヨーロッパ人たちが、中国南部からこれらの島々を伝って日本にやってきたことがうかがえる。

記してある日本の地名は、太平洋側

の上から「Bandu」「Negru」「Frafon」「Mazacar」、内陸部に「Chela」「Amanguco」「Miaco」「Homei」「Malao」「Hormar」、日本海側に「Torza」「Dinlai」「Menlai」「Cangoxina」とある。このうち日本の地名とはっきり確認できるのは「Miaco（都）」と「Cangoxina（鹿児島）」くらいで、「Bandu」は板東、「Negru」は根来、「Amanguco」は山口か天草、「Homei」が近江、「Torza」が土佐ではないかと推測されるが、他はどこか分からないような適当な地名ばかりである。日本の南端に「Cangoxina」と書かれていることは、ヨーロッパ人たちが鹿児島を日本の入り口にある町として認識していたことを示している。

日本行きを決意したザビエルがまず鹿児島を目指したのは、日本行きを勧めた日本人アンジロー（ヤジロウ）が鹿児島出身だったこともあるが、日本発見間もない頃から、ヨーロッパ人たちが鹿児島を日本の入口にある町、日本に行くならまず鹿児島だと認識していたからであろう。

ちなみに、ザビエルは約二年間日本に滞在している。その前半、約一年間は鹿児島で暮らしていた。また来日して三ヶ月ほどした十一月五日にゴアのイエズス会に書状を書き送っているが、その中に「私たちはすでに日本語が好きになりはじめ、四十日間で神の十戒を説明できるくらいは覚えました」と書かれている。まだ鹿児島以外は、まだどこにも行っていない頃のもので、ザビエルの言う日本語は鹿児島弁のことである。「きょうも、きばいもんそ（今日もがんばろう）」というような鹿児島弁を一所懸命に覚えていたのである。

南蛮貿易の拠点は長崎へ

南九州は、日本とヨーロッパの出会いの舞台となったが、南蛮貿易の拠点にはならなかった。

ポルトガルは、貿易とキリスト教の布教活動とを一体化させていた。島津氏は貿易には熱心だったものの、キリスト教が広まることは望まず、布教に非協力的な態度をとり続けた。このためポルトガル船は島津氏領にあまり寄港しなくなったのである。

永禄四年（一五六一）に島津貴久は、ポルトガル船の来港を求める書翰をゴアのイエズス会インド管区長アントニオ・デ・クワドロスと、インド副王フランシスコ・コウティーニョに送っている（岸野久「永禄四年島津貴久のインド宛書翰作成に関わる若干の問題」）。かなり早い段階から島津氏領へのポルトガル船の来港が少なくなっていたことがうかがえる。

そもそも鹿児島はキリスト教伝来の地であった。ザビエルは、一五四九年八月十五日（ユリウス暦、天文十八年七月二十二日）に鹿児島に上陸した。九月二十九日に島津貴久と会見し、希望者を信者とすることを許された。鹿児島の市民や島津家の菩提寺である玉《ぎょく》龍山福昌寺《りゅうざんふくしょうじ》の住職忍室《にんしつ》ら僧侶とも親しく交わり、「忍室は私とたいへん親しい間柄で、それは驚くほどです。世間一般の人たちもボンズたちも、すべての人びとが私たちと語り合うのをたいへん好みます」と、ゴアのイエズス会に書き送るほどであった（一五四九年十一月五日付、ザビエル書翰）。

貴久や鹿児島の市民・僧侶たちがザビエルらを歓待したのは、キリスト教が異教とは知らず、仏教の新しい一派とみなしていたからであった。実は、ザビエルたちは、「ゼウス」を「デニチ（大日）」、大日如来と翻訳し、布教活動をおこなっていた。ザビエルが「デニチ」の使用に疑問を抱くようになるのは、日本を離れる少し前であり、在日していた二年間の大半を「デニチ」を信仰するようにと説いて回っていたのである（岸野久『ザビエルと日本』）。

しかし、次第にキリスト教の本質が知られるようになると、反発も強くなった。島津氏の重臣上井覚兼《うわいさとかね》の『上井覚兼日記』、天正十一年（一五八三）三月五日条に、鹿児島にある「南蛮僧仮屋（教会）」の存続をめぐる談合で、当主の島津義久《よしひさ》が「伯囿《はくゆう》（貴久）様已来彼宗御いましめの儀に候間」「当所へ召し置かれ候はぬ様」に指示したと書かれている。ザビエルが鹿児島を離れて間もなく、キリスト教は警戒・排除されるべきものとみなされるようになったようである。

また、多くのポルトガル船が寄港していた肥前平戸も、領主の松浦隆信《まつらたかのぶ》がキリスト教の拡大を嫌っており、永禄四年（一五六一）、平戸で日本人商人とポルトガル商人が衝突し（宮ノ前事件）、ポルトガル側に多数の死傷者が出たことを機に、ポルトガル船は平戸を避けるようになった。

薩摩や平戸に代わってポルトガル船が寄港するようになったのは、豊後の大友宗麟《おおともそうりん》、肥前の大村純忠《おおむらすみただ》・有馬義貞《ありまよしさだ》などキリスト教布教に理解を示す大名たちの領国の港であった。

特に平戸に近い大村領の横瀬浦《よこせ》（現長崎県西海市）には多くのポルトガル船が寄港した。領主大村純忠は、貿易振興を図ろうと、イエズス会に対し領内の布教を認めるとともに、知行を与え教会も建てさせた。さらに永禄六年五月には自らキリスト教に改宗し、初のキリシタン大名となった。しかし、こうした動きに仏教徒の家臣たちが反発し、同年七月、横瀬浦を焼き討ちした。

大村純忠は、横瀬浦に代わって福田（現長崎市）をポルトガル船の碇泊地に提供したが、福田は波浪の影響を受けやすくポルトガル人たちには不評であった。永禄十一年、ポルトガル人たちは碇泊に適した港を探しはじめ、水深があって、東西を山に囲まれ、風波の影響を受けにくい長崎に目を付けた。そして元亀《げんき》元年（一五七〇）、彼らは大村純忠の許可を得て長崎を開港し町造りをはじめた。これを機に長崎は短期間の内に交易都市として成長していったのである。

イエズス教会領となった長崎

ポルトガル人たちが長崎の町造りに取り組んでいた頃、佐賀の龍造寺隆信《りゅうぞうじたかのぶ》が勢力を拡大し、天正五年（一五七七）頃には大村純忠を軍門に降していた。龍造寺氏配下となった純忠は、龍造寺氏が長崎譲渡を要求し、貿易に介入してくるのではないかと考え、これを阻止するため、天正八年、長崎をイエズス会に寄進した。イエズス会が土地の所有権・支配権・行政権を掌握し、停泊税を取り、大村氏は貿易関税を収納することになったのである。

こうして長崎はイエズス会領となったが、これは長く続かなかった。

天正十五年、豊臣秀吉は九州に出兵して島津氏を降した。この頃、キリスト教は日本各地に広まり、信者も増大し、二十万人とも三十万人とも言われるほどになっていた。イエズス会の宣教師たちは軍船を所有しており、日本のキリシタン大名・信者らを、スペイン・ポルトガルによる日本侵略の手先にしようとしているのではというような噂もたっていた。また、スペイン・ポルトガル人たちが日本人奴隷を東南アジアやインドなどに売りさばいており、これに反感を抱く者も大勢いた。こうした状況下、九州攻めをおこなった秀吉は、長崎が外国人の所領となって支配されていることを知って驚き、キリスト教に対するそれまでの寛容な態度を一変させた。薩摩からの帰途、博多でバテレン（宣教師）追放令を出し、さらに藤堂高虎《とうどうたかとら》らを長崎に派遣して同地を没収、翌天正十六年には長崎を直轄地としたのである。そして徳川幕府もこれを踏襲、幕末まで長崎は中央政府の管理下に置かれることになった。

なお、秀吉が朝鮮出兵に踏み切ったのも、スペイン・ポルトガル両国が世界征服を企ていることを知った秀吉が、明・インドが両国に支配されるくらいならば、先手を打って自分が支配すると考えていたからだという説もある（平川新『戦国日本と大航海時代』）。

また、薩摩にも長崎のようなイエズス会領あるいは租借地が出来ていた可能性があった。

『薩藩旧伝集《さっぱんきゅうでんしゅう》』巻一の「鮫島円成坊と切支丹」に、

龍伯《りゅうはく》（島津義久《よしひさ》）公御代、薩州山川《やまがわ》（現指宿市）に鮫島円成坊と云山伏あり、しかるにその頃南蛮人多く来たりて、山川より喜入《きいれ》（現鹿児島市）の辺までの芦原、無用の地横一町（約百九メートル）、長さ三里（約十二キロ）ばかりを借地に仰せつけ候はば、礼銀として二百貫目進上つかまつるべき由願いける。その時の二百貫目は今の三千貫よりなお重かりければ、皆人しかるべくと申し合いけるに、島津図書《ずしょ》殿（宮之城《みやのじょう》家、忠長《ただなが》）これは不意の幸にて、不計の利也、不測の幸ある時は不測の禍ありといへり、むしろこのことしかるべからずとて止けり

と、ヨーロッパ人たちが薩摩半島の鹿児島湾側、その入口に当たる山川から喜入まで三里ほどの無用の芦原を借地にしたいと申し出、提示された莫大な借地料に目がくらんで応じるべきという意見もでたが、重臣の島津忠長がうまい話には裏があると反対した

ので取りやめとなったとある。

時代は義久時代（当主在任は一五六六〜一五九五年）と漠然としているが、ルイス・フロイスの『日本史』、一五八〇年（天正八年）の項に「（薩摩の君臣が）領内にキリスト教徒と教会を保有すればポルトガル人たちもその港に入らんと考え」「その首都鹿児島に於いてパードレ等の教会を建つべき場所を与う」と申し出てきたので、「パードレ・ワリニヤニは島津氏の要請を期待し、パードレ・ヴィセ、プロヴィン・シヤールに鹿児島に教会を造ることを依頼した」「（プロヴィン・シヤールは）山川に一人のパードレを常駐させた」とある（茂野幽考『薩藩切支丹史料集成』）。

また、前述のように『上井覚兼日記』天正十一年三月五日の条に、鹿児島にあった「南蛮僧仮屋（教会）」の存続を巡って談合がおこなわれ、義久が撤去を指示したことが書かれている。また同日記の天正十一年三月八日の条にも、「南蛮僧当所（鹿児島）へ仮屋・役所給わり候て居候、世間の物沙汰悪しく候、ことさら今度（義久の）御虫気につき、ヶ様の宗の者、当所へまかり居り候て、諸神御内証に合わず」と、鹿児島に宣教師がいて教会があることが世間では悪く言われている。また義久が病気になったのも、異教徒の彼らが鹿児島に居て、日本の神々がよく思っていないからだと書かれている。

ポルトガル人たちが、借地提供を依頼したのは、この天正八年から同十一年の間のことと思われ、ちょうど大村純忠が長崎をイエズス会に寄進した時期と重なる。

もし、島津氏側がポルトガルの求めに応じ、山川・喜入を借地に出していたなら、長崎と同じように多くのポルトガル船が来航し、南蛮貿易の拠点となっていたであろう。同時に、島津氏が秀吉の軍門に下った後は秀吉に召し上げられ、直轄地とされていた可能性が高い。もしそうなっていたならば、豊臣政権はそこを拠点に、来航する外国船に目を光らせていたはずで、薩摩の地で、中国の工作員と島津家の中国人家臣が連絡を取り合い、秀吉に反旗を翻すような計画を進めることは困難だったであろう。

第五章　豊臣政権と島津氏

祖・島津忠久と源頼朝、比企氏の縁

一般に、戦国大名はみな天下取りの野望を抱いていたかのように誤解されている。南九州の雄・島津氏も例外ではなく、京都から遠く離れた鹿児島が拠点だったため、天下取りの波に乗り遅れ、九州制覇まであと一息という所で豊臣秀吉に敗れ、野望を打ち砕かれたと思われがちである。しかし、島津氏が天下取りの野望を抱いたことはない。むしろ天下統一などされない方が好都合であった。天下統一を目指した信長や秀吉・家康らとは、まったく異なる考え、状況で行動していたのである。

さて島津氏は、源頼朝から南九州に広がっていた日本最大の荘園である島津荘《しまづのしょう》の地頭《じとう》職《しき》、薩摩・大隅・日向国守護《しゅご》職《しき》に任じられた惟宗忠久《これむねただひさ》を祖とする。『島津氏正統系図』など島津家側の諸史料は、忠久を頼朝の庶子とし、治承《じしょう》三年（一一七九）、比企能員《ひきよしかず》の妹丹後局《たんごのつぼね》が頼朝の寵愛《ちょうあい》を受け忠久が誕生したと記している。

しかし、中山忠親《なかやまただちか》の日記『山槐記《さんかいき》』の治承三年二月八日条、九条兼実《くじょうかねざね》の日記『玉葉《ぎょくよう》』五月六日条に、忠久が成人男性として登場する。このため生年は二十年ほど遡らせる必要があるが、治承三年の段階で頼朝は三十三歳、遡らせると頼朝の子とするには無理が生じる。実際は近衛家に仕えた惟宗忠康の子であったと考えられている（野口実「惟宗忠久をめぐって」）。

ただ、丹後局が母であったことは史実で、建仁《けんにん》三年（一二〇三）の比企の乱で、比企一族が北条氏に攻め滅ぼされた際、忠久も比企の縁者として所領を没収されている。やがて、島津荘薩摩方地頭職と薩摩国守護職は忠久に返されたが、大隅・日向の支配権は島津氏の手を離れた。

鎌倉時代末、五代島津貞久《さだひさ》は大隅・日向国守護職を奪還するため、足利尊氏に味方して討幕に協力した。そして南北朝時代・室町時代、常時という訳にはいかなかったが、島津氏は大隅・日向国守護職を手に入れた。しかし、南九州の実効支配にはほど遠い状態であった。

というのも、平安時代、南九州は平家の支配下にあり、伊《い》佐《さ》平氏《へいし》など大宰府の官僚の流れをくむ豪族たちが統治していた。源平の合戦後、その多くは没落し、代わって鎌倉幕府によって島津氏や伊東《いとう》氏・相良《さがら》氏・猿渡《さるわたり》氏・酒匂《さこう》氏・渋谷《しぶや》一族（東郷《とうごう》・入来院《いりきいん》氏など）・鮫島《さめしま》氏など関東・東海の武士たちが送り込まれ、いわば占領軍のような形で南九州を支配していたのである。

谷山《たにやま》氏や蒲生《かもう》氏・禰寝《ねじめ》氏・肝付《きもつき》氏など平安時代から所領・勢力を維持した豪族、さらに伊東氏・渋谷一族など東国から移り住んだ他氏は、島津氏の支配になかなか服さなかった。これに島津一族の内紛も重なって、南北朝の動乱を機に、南九州は各地で紛争が繰り返されるようになってしまったのである。

このような状況下、島津氏は祖・忠久が頼朝から与えられた三州（薩摩・大隅・日向三ヶ国）を本領と考え、三州統一を目指して戦い続けた。そして、天正《てんしょう》五年（一五七七）十六代島津義久が日向の伊東氏を豊後に追放して三州統一を成し遂げた。さらにその後も三州支配をより強固のものとするため、あるいは来援を求められ「他国ノ覚」「外聞」を重視してこれに応えて北部九州へと駒を進めた（新名一仁『島津四兄弟の九州統一戦』）。天下統一を目指して北進したわけではないのである。

南薩を制する者が薩摩を制す

島津氏は祖・忠久から、幕末維新期の二十九代忠義《ただよし》まで連綿と南九州を統治し続けたが、実は、同じ系統の家が統治し続けたのではない。この間に二度、惣領家《そうりょうけ》が入れ替わっている。

初めの交代は南北朝時代であった。五代貞久《さだひさ》は、三男上総介師久《かずさのすけもろひさ》に薩摩国守護職を、四男陸奥守氏久《むつのかみうじひさ》に大隅国守護職を譲った。官名から師久の系統を総州家《そうしゅうけ》、氏久の系統を奥州家《おうしゅうけ》という。惣領家は総州家であった。やがて両家は対立するようになり、奥州家が惣領家の地位を奪い、永享《えいきょう》二年（一四三〇）には総州家を滅ぼした。

奥州家が優勢になったのは、応永《おうえい》十二年（一四〇五）頃に、南薩の川辺郡《かわなべぐん》を総州家から奪ってからである。逆に川辺郡を失った総州家は、急速に衰退し、滅亡に追い込まれた。

二度目は十六世紀初頭で、惣領家は奥州家から、伊作《いざく》（現日置《ひおき》市）・田布施《たぶせ》（現南さつま市）を拠点とする分家の相州家《そうしゅうけ》に移っている。

この頃、奥州家の力は衰え、守護島津氏の権威は失墜していた。永正《えいしょう》五年（一五〇八）には十一代忠昌《ただまさ》が乱世を憂えて自刃。その跡を継いだ長男忠治《ただはる》は永正十二年に二十七歳の若さで、次男忠隆《ただたか》も同十六年に二十三歳で病没した。三男の勝久《かつひさ》が家督を継承したが、領国の混乱は極に達し、勝久は領国を統治するすべをうしなっていた。苦慮した勝久は、大永《たいえい》六年（一五二六）、相州家の島津忠良《ただよし》（日新《じっしん》）を頼り、忠良の子貴久《たかひさ》を養子に迎え入れ家督を譲ったのである。

しかし、出水《いずみ》を拠点とする薩州家《さっしゅうけ》の島津実久がこれに異を唱え、貴久を鹿児島から追った。実久は、出水の他に東シナ海に面した海上交通の要衝、阿久根《あくね》・水引《みずひき》（現薩摩川内市）・市来《いちき》（現いちき串木野市）・加世田《かせだ》（現南さつま市）なども領有しており、その力は忠良・貴久父子を圧倒していた。ところが、天文《てんぶん》八年（一五三九）、忠良・貴久父子に加世田城を奪われたのを機に形勢が逆転、忠良らに拠点を次々と奪われた。天文十九年には貴久が鹿児島の内城に入城、名実ともに惣領家の当主となり、薩州家も貴久に屈し、家臣団に取り込まれたのである。

二度に亘る惣領家の交代は、いずれも南薩摩の川辺郡を支配した者が勝者となっている。川辺郡は、薩摩半島の南西部、現在の南九州市（旧川辺町部分）・南さつま市・枕崎市、それに三島《みしま》村・十島《としま》村を加えた地域である。郡内の坊津《ぼうのつ》や万之瀬《まのせ》川河口部は、南九州の中でも特に重要な海外交易拠点で、重要な輸出品である硫黄の産地、硫黄島（現三島村）も郡内にあった。

平安時代には、この一帯を薩摩平氏の棟梁・阿多《あた》氏が支配し、海外交易で莫大な利益を手にして南九州一帯にその影響力を及ぼしていた。京都の源為義《みなもとのためよし》が息子の鎮西八郎為朝《ためとも》を阿多忠景《ただかげ》の婿に送り込み、阿多氏を勢力下に置こうとしていたくらいである。同じ頃、関東では上総常澄《かずさつねずみ》が上総・下総《しもうさ》で絶大な権勢を誇っていたが、為義は為朝の兄義朝《よしとも》（頼朝の父）を常澄の養君に送り込んでおり、これと見事にオーバーラップすると指摘されている（野口実『列島を翔ける平安武士』）。

また鎌倉時代、比企の乱に縁座して所領を没収された島津氏は、のちに薩摩国守護職と島津荘薩摩方地頭職を還付されているが、川辺郡だけは返されず、得宗領《とくそうりょう》とされ北条氏が支配し続けた。

さらに加世田城を攻略した島津忠良も、息子の貴久が鹿児島に拠点を移した後も加世田に住み続け、永禄十一年（一五六八）に同地で没している。南薩、川辺郡が島津氏にとって重要な地点、絶対に手放すことができない地域と認識していたからであろう。これは島津氏の命運が海外交易の利権を握り続けることにかかっていたことを物語っている。

島津四兄弟の躍進と敗北

島津勝久の養子となって家督を継承した貴久は、三州統一を目指して戦い続けた。永禄九年（一五六六）に家督を長男義久《よしひさ》に譲り、同十二年には菱刈《ひしかり》氏を降すなどして薩摩国を平定したが、大隅・日向は平定できないまま、元亀《げんき》二年（一五七二）、五十八歳で没した。貴久もまた隠居後は加世田に住み、同所で没している。

三州統一の夢は、貴久の四人の子供たちに受け継がれた。長男の義久、次男義弘《よしひろ》、三男歳久《としひさ》、四男家久《いえひさ》である。義久は天文二年（一五三三）、義弘は同四年、歳久は同六年、家久は同十六年の生まれである。ちなみに織田信長は天文三年、豊臣秀吉は同五年、徳川家康は同十一年の生まれで、ほぼ同世代である。

四兄弟は、父貴久が果たせなかった三州統一を実現させるため戦い続けた。元亀三年には義弘が真幸《まさき》（現宮崎県えびの市）に攻め込んだ伊東氏の大軍を撃破（木崎原《きさきばる》合戦）、天正二年（一五七四）には大隅の伊地知重興《いぢちしげおき》・肝付兼亮《きもつきかねすけ》が降伏し大隅を平定した。続いて、天正五年には伊東義祐《いとうよしすけ》を豊後（大分）に追放し、念願の三州統一を成し遂げたのである。

天正六年には、九州最大の勢力を誇っていた豊後の大友宗麟《おおともそうりん》が、伊東氏救援を大義名分に掲げ、大軍を日向に送り込んだが、義久らは高城《たかじょう》（現宮崎県木城町《きじょう》）一帯でこれを迎え撃って撃破、大友勢に大打撃を与えた（耳川《みみかわ》合戦）。さらに、しばしば北薩・真幸に触手を伸ばしていた肥後国南部を支配する相良義陽《さがらよしひ》を攻め、同九年、相良氏の本拠地水俣《みなまた》城を攻め落として帰順させた。天正十二年には、佐賀の龍造寺隆信《りゅうぞうじたかのぶ》に攻められ苦境に追い込まれた肥前島原の有馬晴信《ありまはるのぶ》が島津氏に支援を求め、家久が島原に渡海して龍造寺隆信を敗死させた（島原合戦）。

その後、島津氏は筑前・筑後・豊後に駒を進め、天正十四年には大宰府を占領し、その北にある大友方の防衛拠点・岩屋《いわや》城を攻め落とした。大友宗麟は大坂に赴き、豊臣秀吉に助けを求め、同年十二月には秀吉が派遣した四国勢が豊後に上陸してきたが、家久が戸次《へつぎ》川（現大分市）でこれを迎え撃ち、十河存保《そごうまさやす》・長宗我部信親《ちょうそかべのぶちか》らを討ち取って大勝利を収めた（戸次川の戦い）。

家久はその勢いを駆って大友氏の本拠地府内《ふない》（現大分市）を攻め落としたが、天正十五年秀吉本隊が九州に上陸してきた。その兵力は二十万ともいわれる。寛永十三年（一六三六）の薩摩藩領（ただし琉球国を除く。薩摩国・大隅国・日向国諸県《もろかた》郡）の人口が三十三万人前後と推定されているから（尾口義男「薩摩藩の人口」）、とんでもない大軍だったこ

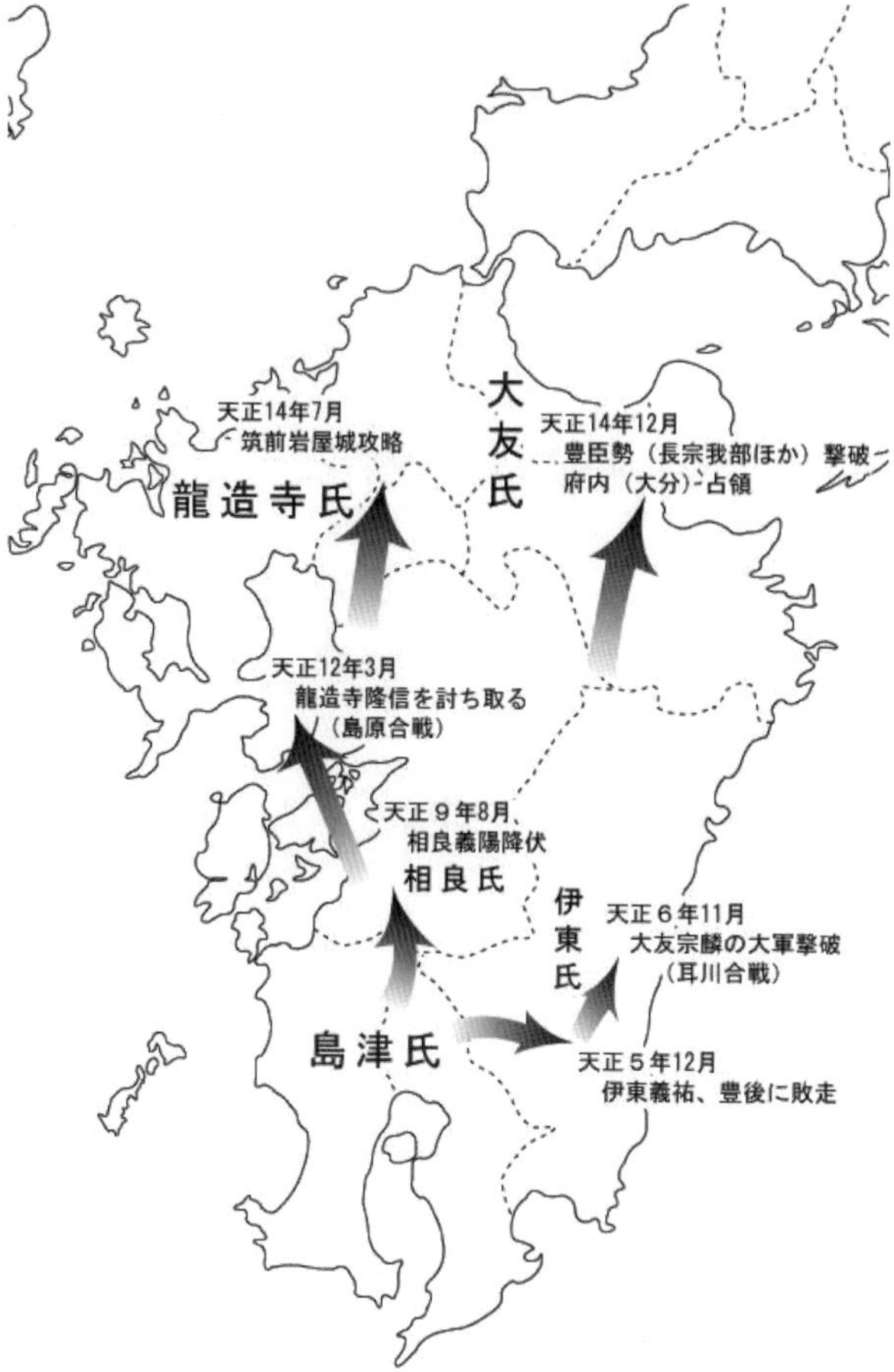
天正14年7月
筑前岩屋城攻略
龍造寺氏
大友氏
天正14年12月
豊臣勢（長宗我部ほか）撃破
府内（大分）占領
天正12年3月
龍造寺隆信を討ち取る
（島原合戦）
天正９年8月
相良義陽降伏
相良氏
伊東氏
天正６年11月
大友宗麟の大軍撃破
（耳川合戦）
島津氏
天正５年12月
伊東義祐、豊後に敗走

とがうかがえる。豊臣勢はこれを二手に分け、秀吉は肥後方面から、弟の秀長《ひでなが》が日向方面から薩摩を目指した。島津氏は日向方面に兵力を集中させ、同年四月十七日、根白坂《ねじろざか》(現宮崎県木城町)で豊臣勢に決戦を挑んだが、圧倒的な兵力差はいかんともしがたく、歳久の婿忠隣《ただちか》ら大勢の戦死者を出して敗れた(根白坂の戦い)。

この一戦で、義久は降伏を決意。五月八日、川内《せんだい》(現薩摩川内市)の泰平寺《たいへいじ》に赴いて秀吉にまみえ降伏の意を伝えた。秀吉はこれを受け入れ、義久に薩摩一国を安堵《あんど》し、義久の娘亀寿《かめじゅ》、義弘の嫡男久保《ひさやす》らを人質として上洛させるように命じた。これ以後、島津一族および重臣の家族は交代で人質を出し続けることになる。

また、徹底抗戦を唱えていた義弘も、豊臣政権・義久の説得に応じ、五月十九日、日向国野尻《のじり》(現宮崎県小林市)の秀長の陣所に赴き降伏の意を伝えた。これを受けて同月二十五日には、大隅一国が新恩として義弘に与えられ、日向国諸県郡《もろかた》も義弘の嫡男久保に宛てがわれた。なおこの時、豊臣政権は島津氏の重臣伊集院忠棟《いじゅういんただむね》に肝付一郡を与えるように命じている。豊臣政権側は、政権と島津氏とのパイプ役を忠棟に担わせたのである。

三男歳久と四男家久の死

義久が秀吉に降伏した後、佐土原《さどわら》（現宮崎市）を領有していた家久も、日向国野尻《のじり》の豊臣秀長《ひでなが》の陣に伺候し、佐土原を安堵された。義久・義弘・久保に与えられた薩摩・大隅国および日向国諸県郡とは別枠であった。だが、その直後の六月五日に家久は急死する。『島津国史』には、「毒に中りて病。六月五日卒」とある。

前述のように家久はたいへん戦がうまい武将で、自ら部隊を指揮した戦闘で、龍造寺隆信・十河存保・長宗我部信親と大名クラスの武将を三人も討ち取っている。そのような武将は全国的に見ても少ない。あまりにも戦がうまいので、豊臣政権が毒殺したのだと言われているが、真相は不明である。

また、祁答院《けどういん》（現さつま町一帯）を領有していた歳久は、婿忠隣が豊臣勢と戦って戦死したこともあってか、豊臣政権に対し反抗的な態度をとり続け、病と称して秀吉のもとに伺候しなかった。それどころか、五月十八日、川内の泰平寺を発って帰途についた秀吉が、川内川を遡った際、その途中にある歳久の居城虎居《とらい》城（現さつま町）に泊まろうとしたが、これを「迷惑」と拒否している。さらに川内から歳久領の祁答院に向かう道中、秀吉の駕籠には矢が射かけられた。

五月十九日、秀吉は石田三成・木食上人および島津氏の重臣伊集院忠棟に対し、虎居城に泊まろうとしたら、「花道院《けどういん》御宿の儀迷惑の由」と拒否されたので、その事実関係を調べて報告するように指示し、その結果次第では歳久を成敗することもあり得ると伝えている（五月十九日付秀吉朱印状、『旧記雑録』後編巻二十収録）。

この時、秀吉は怒りをこらえて歳久の処分を見送った。だが、文禄《ぶんろく》元年（一五九二）六月十五日に発生した梅北一揆《うめきたいっき》をきっかけに、秀吉の怒りが蘇った。

梅北一揆は、朝鮮出兵に参加することになっていた梅北国兼《うめきたくにかね》ら島津家の家臣たちが、出兵に反対して加藤清正領の肥後国佐敷《さしき》城（現熊本県芦北《あしきた》町）を乗っ取ったというものである。一揆はすぐに鎮圧され、名護屋《なごや》にいる秀吉のもとに報告された。報告を受けた秀吉は、一揆の黒幕を歳久と決めつけ、同年七月十日、歳久の処罰を命じる朱印状を義久に送った（『旧記雑録』後編巻二十八）。

先年その国（薩摩）へ　御動座の刻《きざみ》、その方（義久）・兵庫頭《ひょうごのかみ》（義弘）御赦免《しゃめん》なされ候ところ、家道院（歳久）事、上意に対し慮外《りょがい》の動、曲事《くせごと》に思し召され候、その刻御誅《ちゅう》罰《ばつ》を加えらるべく候、その方兵庫頭御赦免の上は、是非《ぜひ》に及ばず候つる（略）しからばこの度家道院、兵庫頭と高麗へまかり渡り候はば、その身の義は御助なさるべく候あいだ、彼家中の者、悪逆の棟梁《とうりょう》これあるべく候条、十人も二十人も刎首《ふんしゅ》進上致すべく候、もしまた高麗へまかり渡らず、この方にこれあるにおいては、かの家道院刎首出すべく候、自然《じねん》なに角滞《とどこお》るに付ては、御人数差し遣わされ、家道院事は申すにおよばず、かの在所隣郷ともに、ことごとく撫切《なでぎり》に仰せ付けらるべく候

と、天正十五年に秀吉が薩摩に下向した際の様々な無礼、その時に誅罰してもよかったが、義久・義弘に免じて許していた。もし歳久が義弘と共に朝鮮に渡海していたならば歳久の命は助ける。梅北一揆の件を受けて、もし歳久が首をはねて差し出せ。もし歳久が朝鮮に行っていなかったならば歳久の首を差し出せ。ぐずぐずしているようであれば、こちらから兵を派遣して、歳久だけでなく在所・近隣の者を皆殺しにすると記されていたのである。

また川内から祁答院に向かう途中に矢が射かけられたことも改めて問題とされた。

義久は歳久をかばいきれなくなった。歳久もこれを知り、死ぬ前に家族に会いたいと、七月十八日、鹿児島を出港し祁答院に向かったが、八キロほど進んだ竜ヶ水《りゅうがみず》（現鹿児島

市吉野町）で義久が放った追っ手に囲まれ自害した。
こうして、四兄弟の内、家久と歳久の二人が欠けてしまったのである。

秀吉への恨みは残った

義久は、家久と歳久の死を悲しんだ。

特に歳久に対しては、秀吉の命とはいえ、追っ手を差し向けて自刃に追い込んだような状態になってしまったため、その悲しみもひとしおであった。

歳久自刃後、歳久夫人（悦窓夫人）、娘（蓮秀夫人）、孫の袈裟菊丸《けさぎくまる》（後の常久《つねひさ》）が虎居城に立て籠もった。義久は必死に下城するように説得している。実は、天正十五年（一五八七）に戦死した歳久の娘婿忠隣は義久の孫であった。忠隣は薩州家の島津義虎《よしとら》の次男で、母は義久長女だったのである。袈裟菊丸は義久にとってかわいい孫の忘れ形見、曾孫に当たる。

義久が祁答院の大窓寺の住持に歳久夫人らの説得を依頼した七月二十一日付の書状に（尚古集成館蔵日置家文書、『旧記雑録』後編巻二十八）、兄弟の別堪《た》え難きといえども、上意により、外には患気を顕さず、内には悲涙に沈み、愁腸《しゅうちょう》の余に申し出ずること、まことに何をもってこれに期せんや、そもそも御意趣は、先年太閤様川内へ御動座の刻、あるいは祁答院（宮之城《みやのじょう》）にて御馳走なきの儀、あるいは梅北逆心につき仕置きしかるべからざる始末、これといいかれといい御遺恨浅からざる子細に候。（略）おのおの鬱憤《うっぷん》を翻《ひるがえ》し、和尚への御熟談候は、袈裟菊丸をはじめとし下々に至るまで安穏の基たるべく候（略）先年太閤様その表お通りのみぎり、御糧迫に候か、ことに矢をも射かけられ候こと、無念に思しめされ、この度きびしく仰せ出され（略）即得心いたすべきよう、懇ろに仰せ分けらるべきことたのみ入り候

と、兄弟を死なせるのは堪え難いが、秀吉の厳命に従わざるを得ず、表向きは平静を装っているが、内心は悲しみの涙に沈んでいる。遺族には決して悪いようにはしないので、下城するようなんとしても説得して欲しいと依頼している。弟を死なせざるを得なかった義久が悲しみ、遺族をなんとしても助けたいと苦悩している様子が見て取れる文面である。

文禄二年（万暦《ばんれき》二十一・一五九三）に福建軍門が薩摩に派遣した工作員許豫《きょよ》は「義久は

うわべだけは秀吉に従っているが、内心では一日たりとも秀吉に対する恨みを忘れていない」と報告しているが、これは紛れもなく義久の偽らざる本心であった。

なお、歳久夫人らは八月十一日にようやく説得に応じ下城した。

歳久の遺体は帖佐（現姶良市）の総禅寺に埋葬された。首は京都に送られ、一条戻橋《いちじょうもどりばし》に晒《さら》されたが、島津家の家臣たちが盗み取り、今出川《いまでがわ》の浄福寺《じょうふくじ》に葬った。ただ、秀吉存命中は満足な供養もできず、慶長三年（一五九八）秀吉が死去すると、その翌年、義久は歳久が自害した竜ヶ水の地に心岳寺《しんがくじ》を建立して菩提寺とし、歳久と歳久に殉じた家臣たちを弔った。心岳寺は明治初年の廃仏毀釈《はいぶつきしゃく》で廃寺となり、歳久を祭神とする平松神社《ひらまつじんじゃ》となった。

際限なき軍役

話を島津義久が秀吉に降伏した頃に戻す。

秀吉に降伏した後、島津氏は義久と義弘・久保父子が交代で秀吉近くにつめ、家族・一族の妻子を人質に出すこと、さらに軍役を果たすことなどを豊臣政権から求められた。軍役は兵を出すことだけでなく、豊臣政権が必要とする様々な役務を果たすことであった。例えば、天正十七年正月二十一日付の島津義久宛の石田《いしだ》三成《みつなり》・細川幽斎《ほそかわゆうさい》書状では、巣鷹《すたか》上納・琉球使節の派遣・方広寺《ほうこうじ》大仏殿《だいぶつでん》への材木提供・刀狩・勘合《かんごう》・海賊取り締まりが求められている（『旧記雑録』後編巻二十四）。

巣鷹は、まだ巣にいる鷹のヒナを捕らえて秀吉に献上することである。献上されたヒナは鷹狩り用に飼育された。三成らは「殿下御鷹御自愛の儀、渕底御存知の儀に候間」「人任せにさせられず御自身御調あるべく候」と、人任せにせず自分で調達に取り組めとある。

琉球使節は、琉球に対し秀吉への従属の使節を送らせろというのである。島津氏は、琉球王府に対してやや優位な立場にあったが、従属させていたわけではなく、義久もすでに琉球王府に対し使節を派遣するように依頼していた。しかし、これは無視された。簡単に実現できるようなものではなかったのである。豊臣政権はそのようなことはお構いなしに、豊臣勢が琉球に渡海すれば簡単に討ち果たすことができる。そうなれば申しにくいことだが「貴老御面目を失われ」「御家の滅亡たるべく候」と半ば脅すような文面で琉球王府に使節を派遣させるよう命じている。

方広寺大仏殿への材木は、領内の杉・檜の大木を、神社の神木であってもかまわないので上納するように命じている。また三成らは正月二十日付で伊集院忠棟・島津忠長に屋久島に行って材木を調査して上納するように、また島の者には一本も切らせないように指示している。

刀狩についても、すでに前年指示していたのに島津領だけ刀の提出がないことを詰問し、速やかに提出するように命じている。

勘合は明（中国）との貿易の復活を命じたものである。しかもこれを明側から願い出るような形で復活させろというのである。何とも無茶な要求であった。前述の様に勘合貿易は、明皇帝とその家臣となった国王の間でおこなわれるものであり、島津氏の手に負えるものではなかった。無理難題としか言いようがない。

最後の海賊は、倭寇の取り締まりを命じたものである。

さらに天正十八年には小田原の北条氏討伐への参加を命じられ、久保が兵を率いて出陣した。なお、これが久保の初陣であった。そして、文禄元年（一五九二）には、最大の軍役ともいうべき朝鮮出兵が始まり、義弘が朝鮮に渡海した。まさに際限なき軍役で、島津氏はその負担にあえいだのである。

動かぬ義久と焦る義弘

義久や重臣たちは、豊臣政権と少し距離を置き、軍役負担も必要最低限のもので済まそうとした。

島津氏とその家臣団は、九州の大半を支配していた状態から薩摩・大隅二ヶ国と日向諸県郡一国に押し戻され、領国経営はその立て直しで混乱し疲弊していた。また、支配体制も元々ゆるやかなもので、島津氏の指示は絶対的なものではなかった。支配体制は盤石ではなく、家臣たちは意に沿わない時には「病」などと称してよくサボタージュしていたのである。

義久らは、豊臣政権に対しても同じ考えで対応してしまった。また急激な体制変化も嫌っていた。このため、石田三成らが強く軍役負担の履行を求めても、なかなか指示通りに動かず、「貴老御面目を失われ」「御家の滅亡」などと脅されても馬耳東風というような態度をとり続けたのである。

こうした情況に義弘は危機感を抱いた。天正十九年五月七日、在京中の義弘は現状を憂えた長文の書状を家臣の鎌田《かまた》政近《まさちか》に出している（『旧記雑録』後編巻二十六）。

（石田三成は懇切であったが）この頃は何たることを聞きつけられ候や、はたと相替わり、島津家滅亡は程あるまじく思われ候て（略）まず国持の侍は毛利殿・家康、その次には嶋津にて候、関白様御用にまかり立つべき事、ひとつもこれ無く候（略）かくのごときの国持誰人か長久に国をたもち候はんや、京・大坂のかよひに、五騎三騎の供衆さへ鑓《やり》一本所持され、龍造寺・鍋島・橘（立花）・伊東などの躰にも劣りたる様式、言語道断（略）竜伯様（義久）御下向已前、幽斎（細川）にて御国の置目をはじめ、屋形作の末等条々、石治少（石田三成）御念を入れられ候、しかれどもその内一もいまた首尾なく、これひとへに　竜伯様御得心に参らざるゆえに候や、いたづら事を仰せられたる後悔是非なきの由、治少思われ候あいだ、御取次事内々に立ち入ての熟談は入らざるの由、一途におぼし定られ候ときこえ候、とても嶋津家連続は有まじくと見究められたる由、くり立くり立治少仰せられ候事は、筆も及びがたきよし三兵（三成家臣・安宅三郎兵衛秀安）物語り候、十分ならは国替、しからざれば御家滅亡の程はあらじと、をし出候て三兵いわれ候

島津家に対して親切であった石田三成が態度を豹変させたという。というのも島津は

まったく豊臣政権の役に立っていない。供侍も少なくしかも鑓を一本持っているだけ。龍造寺や鍋島・立花・伊東などに比べても見劣りがする。細川幽齊が薩摩でおこなった仕置、政治体制の変革も、石田が念を入れて指示した京都屋敷の建設も何一つちゃんとなされていない。これは義久が納得していないからではないか。いろいろアドバイスなどするのではなかったと三成は後悔し、内々に立ち入っての熟談はやめる。島津家は長くは続かないだろうと見限ったと繰り返し言っていたというのである。どうしようもない状態で、このままではよくて国替え、へたをすればお取り潰しと言われたというのである。

さらに続いて、

国の置目ゆるがせなく、宛行借物なくて、乗馬の十人も二十人もめしつれ、外聞らしく国持ちの振る舞いにて、屋作人並みに周備いたし、御家にもりをさし候て見候へかしなどと三兵言われ候

と、国元の政治体制を揺るぎないものにして、借金もせず、国持ちの大名らしく騎馬

の武士十人も二十人も従え、屋敷も大名にふさわしいものを建て、御家を盛り立てろと言われたと記している。

義弘は、このままでは島津家は潰されてしまうと強い危機感を抱くとともに、島津家の行く末を心配し、義弘の奮起を期待する三成の心情も知った。そして島津家を潰さないためには自分が積極的に動くしかないと決心した。

日本一の遅陣

義弘が奮起するしかないと決意した頃、豊臣政権は朝鮮出兵の準備を進めていた。島津氏に対しても兵一万の派遣が命じられ、義弘は急遽帰国した。案の定、義久は「病」と称して自ら渡海することを拒み、義弘・久保父子が兵を率いて渡海することになった。

天正二十年（一五九二）四月十二日、小西行長《こにしゆきなが》・宗義智《そうよしとし》ら第一軍が釜山《プサン》に上陸して朝鮮出兵がはじまった。同十七日には加藤清正《かとうきよまさ》らの第二軍、黒田長政《くろだながまさ》らの第三軍、毛利《もうり》吉《よし》成《なり》らの第四軍が朝鮮に上陸、その後も福島正則《ふくしままさのり》・長宗我部《ちょうそかべ》元親《もとちか》らの第五軍、小早川隆景《こばやかわたかかげ》らの第六軍、毛利輝元らの第七軍もこれに続いた。しかし、義弘はまだ朝鮮に渡れずにいた。義弘のもとに兵も船も来なかったのである。

義弘は五月三日にやっと釜山に上陸したが、とても島津勢が上陸したといえるような情況ではなかった。五月五日付で、義弘が国元の家老川上忠智《かわかみただとも》に宛てた書状（『旧記雑録』後編巻二十七）には、

その地の船一円参らず候て、拙者壱人遅陣にまかり成り、迷惑の至りに候あいだ、賃船を以て、卯月二十七日対馬名室の湊より、順風に任せようやく今月三日に高麗ふさんかいにまかり渡り候（略）この度の唐入りにつき、軍役あい調うべきの由、老中《おとなぢゅう》談合を以て承り候ところに、いま船壱艘も参らず（略）龍伯（義久）様御ため、御家の御ためを存じ、身命を捨て、名護屋えもよき時分に参り候えども、船延引の故、日本一の遅陣にまかりなり、自他の面目を失い（略）あまりあまり遅陣迷惑にて五枚帆を壱艘借り出し候て乗船せしめ、去月対馬わたりを渡り候、誠に小者壱人にて鑓を五本とも持たず、高麗まで渡り候事、あさましき体たらく涙もとどまらん仕合わせに候、船着とまりにても身を忍ふように候事、くれぐれ国元あつかいを恨み入り候事

と、朝鮮出兵の軍役をきちんと果たすと重臣（老中）一同で決めておきながら、実際

には一隻の船も来ない。自分は義久公のため、御家のため、身命を捨てて名護屋まで行ったが、そこから先に行くことができず、「日本一の遅陣」となってしまった。借り船でなんとか釜山に渡ったが、供もおらず、とても島津と名乗ることはできず、身を隠していないといけないような情けない状態で、涙も止まらない。国元の仕打ちを恨むと、普段冷静な義弘が悲痛な叫び声を上げている。

義久をはじめ島津氏の家臣たちは、なんのメリットもない朝鮮出兵など参加したくなかった。秀吉のために戦いたくもなかった。義久は積極的に動かず、家臣たちもこれ幸いと豊臣政権が重視した軍役・朝鮮への出兵命令をも簡単にサボタージュしてしまったのである。

それどころか、この翌月には前述のように、島津氏の家臣梅北国兼が出兵に反対して反乱を起こし、その黒幕として島津歳久が自刃に追い込まれた。さらに、薩州家の島津忠辰《ただとき》も釜山まで来たものの「病」と称してそこから動こうとせず、秀吉の逆鱗《げきりん》に触れ、文禄二年、薩州家は改易となった。薩州家の領地出水は豊臣政権に没収され、寺沢広高《てらざわひろたか》が管理者となった。また忠辰は同年に病没した。

その後、義弘のもとに兵も多少は集まり、金化《キムファ》城守備・晋州《チンジュ》城攻め・巨済島《コジェド》守備などを務めることはできたが、補給は滞りがちで、陣中に疫病も蔓延し、文禄二年（一五九三）九月八日に義弘の嫡男久保が、それからわずか四日後の十二日には義弘の娘婿島津朝久《ともひさ》（豊州家《ほうしゅうけ》）までもが病没してしまうような情況であった。

これが、許儀後《きょぎご》らが明に出兵情報を伝えた頃、またこれを受けて福建軍門が薩摩に派遣した工作員らが目の当たりにした薩摩・島津側の情況である。こうした情況を見て、工作員たちは、「日本国内には出兵に反対する声があふれている。義久は秀吉を恨み、出兵が失敗することを望んでいる」などと福建巡撫《じゅんぶ》（長官）の許孚遠《きょふえん》に復命したのである。

「常々緩みに仰せ付けらる故」

島津氏が軍役を満足に果たせていない状況をみて、豊臣秀吉は天正二十年（一五九二）八月十四日、島津義久・細川幽斎宛ての朱印状を発給し、幽斎が薩摩に下向して島津領の仕置をするように命じた。

この仕置とは、義久・義弘の蔵入地《くらいりち》を取り戻すこと、寺社から召し上げた土地を検地し、義久の蔵入地に編入すること、蔵入地を管理する役人の不正をただすことなどで、脆弱な島津氏の経済基盤の強化を主目的としたものであった。経済基盤を盤石とし、支配体制を建て直して軍役をきちんと果たさせようとしたのである。

幽斎は翌文禄二年（一五九三）正月まで薩摩に滞在して仕置に取り組んだ。しかし、家臣団の抵抗は想像以上で、義久もそれを押さえ込もうとはしなかった。本来、蔵入地であるべき土地は、家臣団の知行地とされたままで、寺社から召し上げた土地も家臣たちが勝手に分配してしまったのである。

幽斎とともに薩摩に下向していた家臣の麻植《おえ》長通《ながみち》は、正月二十八日、帰国する途中、義弘の家臣伊勢《いせ》任世に書状を送っている。それには、

何道にも御検地ござなく候はば、御蔵入も出来申すまじく候、また諸奉公衆御軍役已下もあい調い申すまじくかと憚《はばか》りながらあい知り候（略）憚り多き申し事にござ候へども、常々緩みに仰せ付けらる故に候や、この度在国中、諸侍気遣い申す義、遠慮なくよろず申し談じ候へども、何とも事行かざる様にござ候

と、太閤検地をおこなわない限り、蔵入地問題は解決しない、島津氏が軍役を果たす

こともできないだろう。申しにくいことだが、仕置がうまく行かないのは、島津家の家臣統制が常々緩やかすぎるからだ。在国中に、家臣の方々に遠慮することなくいろいろと意見を申し上げたが、いずれも実行されることはなかったと記している（『旧記雑録』後編巻三〇）。

幽斎の仕置が失敗したとみなした豊臣政権は、島津氏の重臣伊集院忠棟を上洛させ、次の手を検討しはじめた。そして太閤検地を実施することに決したのである。

折しも、朝鮮に渡海していた義弘の嫡男久保が、文禄二年九月八日に病没していた。弟の忠恒（後の家久）が上洛し、翌年、兄久保夫人であった亀寿《かめじゅ》（義久の三女）と結婚して、義久の後継者となった。義久には跡を継ぐべき男子がいなかったため、亀寿の夫を自分の後継者に指名していたのである。忠恒は、久保同様、朝鮮に渡海することになったが、その際、豊臣政権は、義久派の重臣、鎌田政近・伊集院久治《いじゅういんひさはる》らも忠恒の供として渡海するように命じた。検地の妨げになりそうな者たちを体よく追い払ったのである。

そして文禄三年九月、石田三成の家臣五十人あまりを薩摩に派遣し、検地をおこなわせた。彼らは島津家家臣団の激しい反発に苦しめられたが検地を完遂し、翌文禄四年二月帰京したのである。

太閤検地のからくり

太閤検地が終わった頃、朝鮮在陣中の島津義弘は、急遽帰国するように命じられ、六月五日に大坂に着いた。六月二十九日、秀吉は太閤検地に基づく領地朱印状を出したが、その朱印状の宛名は、当主の義久ではなく、義弘になっていた。これは、豊臣政権が非協力的な義久を当主の座から追い、協力的な義弘を当主に据えたことを意味した。

領国の石高も、検地前は二十一万四千七百石あまりだったものが、三十六万四千石あまりも増加し、五十七万八千七百石あまりとなった。約二・七倍に増加したのである。

そして大隅国溝辺《みぞべ》村（現霧島市）・反土《たんど》村（現姶良市）・木田《きだ》村（同）など一万石が秀吉の蔵入地（代官石田三成）とされ、大隅国曾小川《そおがわ》村（現霧島市国分《こくぶ》）など六千三百石あまりが石田三成に、同岩弘《いわひろ》村（現東串良《ひがしくしら》町）など三千石あまりが細川幽斎に与えられた。

そして、義久蔵入地として十万石、義弘蔵入地として十万石、伊集院忠棟領として八万石、島津以久《もちひさ》領として一万石が設定され、その場所も細かく指定された。義久蔵入地は、鹿児島から遠く離れた薩摩国の北部や大隅国・日向国諸県《もろかた》郡内に設定され、義弘の蔵入地は鹿児島およびその周辺の薩摩国・大隅国内に設定されていた。

島津義久・義弘らの蔵入地

朱印状の発給と同時に、豊臣政権は、義久に対して、島津氏が代々居城を構えていた鹿児島を出て、大口《おおくち》（現伊佐《いさ》市）に移るように命じ、代わって栗野《くりの》城（現湧水《ゆうすい》町）を居城としていた義弘に鹿児島に入城するように指示した。島津家の家督委譲をより確実なものにしようとしたのである。ただ、義久は、肥後国境に近い大口ではあまりに不便、浜《はま》之《の》市《いち》（現霧島市隼人《はやと》町住吉《すみよし》）に移りたいと願い出て、浜之市に富隈《とみのくま》城を築いて移り住んだ。また、義弘は、義久がいた鹿児島には入城はしにくいと蒲生《かもう》城（現姶良市）を居城にしたいと願い出たが、これは許されず、あくまでも鹿児島に入城せよと命じられた。このため「中宿《なかやど》」、鹿児島に移る準備をすると称して帖佐《ちょうさ》（現姶良市）に居館を構え、鹿児島城には忠恒を入れることにした。

また、朱印状には、家臣領として十四万千二百石あまり、加増分として十二万五千三百石あまりが設定され、その配分は義久・義弘に一任された。寺社領は三千石と記してあった。

実はこの石高にはからくりがあった。家臣たちの実質的な所領は三分の一あまりに減らされていたのである。

所領を減らされた家臣たち

島津氏の領国の石高は、太閤検地で約二・七倍に増加した。米の生産高がこれほど増加したのであれば万々歳だが、実際は変化がなかった。

これを踏まえ、所領の分配を改めて見てみると、義久の蔵入地は二万七千石から七万三千石増えて十万石と、約三・七倍になっている。同様に義弘は一万二千石から十万石と約八・三倍に、重臣の伊集院忠棟は二万一千石から八万石と約三・八倍に、島津以久は八千三百石から一万石と約一・二倍に増加している。その一方で、他の家臣たちの給地は十四万一千石あまりのまま据え置かれた。

これを領国全体に占める石高の比率でみてみれば、義久の蔵入地は約十二・六パーセントから約十七・三パーセントと、その増加分は一・三倍程度に過ぎない。義弘の蔵入地は約五・六パーセントから約十七・三パーセントと約三・一倍、伊集院忠棟領は約九・八パーセントから約十三・九パーセントと約一・四倍の増加となる。

名目上は加増となっている島津以久領は、約三・九パーセントから約一・七パーセントと、逆に約〇・四倍と大幅に減少している。据え置きになった家臣団の給地は約六十五・八パーセントから約二十四・四パーセントと、約〇・三七倍と激減しており、加増分を加えても約四十六パーセント、約〇・七倍に過ぎない。

検地は、一般の武士に大幅な収入減を迫るものであった。収入を取り戻したかったら、豊臣政権のために働けと、加増分が設定された。それでも三割減となる厳しいものであった。

そして浮かせた分が、秀吉や三成・幽斎領、義久・義弘蔵入地、忠棟領とされた。また、目減りしたことをわかりにくくするため、家臣団全員の所領替えがおこなわれた。例えば検地前に三百石を所持していた武士は、検地後にまったく別の場所に三百石の所領を与えられた。ただし、その所領は検地前には百石ほどしかなかった所であった。

一例を挙げれば、加治木（現姶良市）・溝辺（現霧島市）・三体堂《さんたいどう》（同前）を領有していた肝付兼三は、喜入《きいれ》（現鹿児島市）・清水《きよみず》（現南九州市）・宮《みや》（同前）に移されたが、実際に現地に赴くと「地ノ広狭貢賦ノ多少其半ニモ及ハサルカ」という情況であった（「文禄四年九月三日付伊集院忠棟・本田三清連署知行目録」、『旧記雑録拾遺』家わけ二）。

所領が減少した家臣たちは、失った分を少しでも取り戻そうと働いた。文禄の役でさほど目立たなかった島津勢が、慶長の役では、泗川《サチヨン》の戦いで明軍主力を撃破し、露梁《ノリヤン》海戦で朝鮮水軍を打ち破るなどめざましい活躍をするようになるのは、こうした事情による。

義弘から夫人への書状

島津家の存続のため一所懸命に動き回った義弘は、豊臣政権が求めてくる軍役を淡々とこなし、朝鮮出兵にも参加し、文禄四年（一五九五）には島津家当主の地位に就けられ、再び朝鮮に渡海した。この間、義弘は苦労の連続であった。本当は朝鮮にも行きたくなかった。夫人の宰相《さいしょう》に宛てた書状には、義弘の偽らざる本心が綴られている。

宰相は義弘の三人目の夫人である。

最初の夫人は、北郷忠孝《ほんごうただたか》の娘である。忠孝は庄内《しょうない》（現宮崎県都城《みやこのじょう》市）を領有する忠《ただ》相《すけ》の子で、いつ結婚したか定かではないが、天文二十三年（一五五四）、義弘が二十歳の時に二人の間に長女御屋地《おやち》が誕生している。また永禄三年（一五六〇）、義弘は日向国飫《お》肥《び》（現宮崎県日南《にちなん》市）を領有する豊州家の島津忠親《ただちか》（忠孝の兄）の養子に迎えられ、飫肥防衛に当たったが、宿敵伊東氏に敗れてこれに失敗。同五年に養子関係は解消され、やがて忠孝娘とも離婚した。

二番目は、肥後国南部人吉《ひとよし》（現熊本県人吉市）などを支配する相良《さがら》晴広《はるひろ》娘であった。

この娘とも、永禄十年以降、相良氏との関係悪化に伴い離縁になったという。

そして三番目が、広瀬吉左衛門助宗の養女（園田清左衛門娘）の宰相であった。北郷忠孝の娘と相良晴広娘は政略結婚であったが、宰相とは当時としては珍しい恋愛結婚であった。広瀬・園田ともに特に有力な土豪・家臣という訳ではない。『島津義弘公記』には、宰相は当初は明石という名で、自宅前の清流で大根を洗っていた時に、放鷹から帰る義弘が見初め、大根を所望したのが二人の馴れ初めだと記されている。彼女と結ばれた後、義弘は側室も置かず、彼女との間に久保・忠恒はじめ五男一女を儲けた。

義弘がこの宰相に宛てた書状が十五通ほど残っている（『旧記雑録』収録）。これらの書状は豊臣政権の武将や兄の島津義久、家臣たちに出した書状とは異なり、武張った文章は見られない。家族を思い、側にいたいと願う良き夫、良き父親としての姿が彷彿されるような文面ばかりである。

「そなたを夢に見て」

例えば、天正十九年三月十九日、豊臣秀吉の軍門に下って在京を命じられていた時に、鹿児島にいる夫人の宰相に書き送ったものには、

貴久

家久　歳久　義弘　義久

義弘
宰相（広瀬助宗養女）（園田清左衛門娘）
北郷忠孝娘
相良晴広娘

鶴寿丸（夭亡）
久保（又一郎）
家久（又八郎・忠恒）

萬千代丸（夭亡）
忠清（長満・久四郎）
御下（伊集院忠真夫人）（宮之城家・島津久元夫人）
御屋地（北郷相久夫人）（豊州家・島津朝久夫人）

義久
亀寿（島津久保夫人）（島津家久夫人）

猶々今夜もそなたを夢にまさしく見まいらせ候て、ただいまけんさん（見参）候やうにこそ候つれ、またよきたより（便り）の折ふしハ、さいさい同事なりとも、ふミ（文）にて申のぼせ候はばうれしかるへく侯、又八郎（忠恒）うたひ（謡）・てならい（手習い）、其他たしなみゆだん（油断）なきやうにいけん（意見）あるべく候、ちやう満（長満・忠清《ただきよ》）事もてならいさせ候てしかるへく候、手ほんの事もんせきさま（門跡様）へ申しうけ候てくたし（下し）候べく候、又一郎ふうふ（久保・亀寿夫婦）のあいた（間）よく候由聞へ候て、身つからかこゝろ（心）には、月ほしのひかり（星の光）待ゑてしよりうれしく（嬉

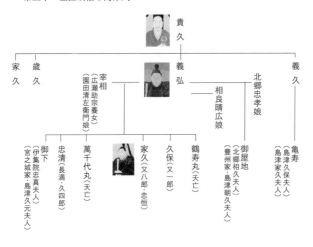

しく）こそ候へ

とある。この時、義弘は五十七歳。豊臣政権から在京を命じられていた際のもので、鹿児島にいる夫人の宰相に「今夜もお前の事を夢に見て、たった今会ったような気がした」「同じ事でも良いから手紙をもらえるとうれしい」と記し、次男又八郎（家久）と弟の長満（忠清）に謡や手習いなどしっかり稽古するように意見しなさい。書のお手本も門跡様（皇族・公家出身の僧）に頼んで送る。また長男久保と亀寿（義久三女）夫婦の仲がよいと聞いて喜んでいると伝えている。

また、会えない間に白髪が増えて老け込んでしまった。再会したらお前もきっと驚くだろうと記し、

年月の暮行はおしむ（惜しむ）べき事なるを、はやはや（早々）くだる（下る・帰国）べき祈、待えてしかなと思ふこころ（心）にや、月日のうつる（移る）もおそき（遅き）物にてこそ候へ

と、月日が経つのは惜しむべきものだが、早く帰って会いたいと願い続けていると、時間の流れが遅く感じると伝えている。

朝鮮での厭戦気分

義弘が朝鮮から宰相に宛てたものは、とても勇猛果敢な武将が書いたと思えないような書状である。例えば、文禄三年（一五九四）八月二日付のものは、

この春は御引ちん（陣）の様に申ちらし候へ共、長はんにまかり成り、しよ（諸）人のきもつかれはて（気も疲れ果て）、わづらひいたし（煩い致し）候者どもはたぶん相はて（果て）候

と、この春にも帰国できるという噂を耳もあったが、実際は長期戦になっており、朝鮮にいる人たちはみな疲れ果て、体調を崩し亡くなる人もいると、厭戦《えんせん》気分が蔓延する陣中の悲惨な状況を伝えている。前年には嫡男の久保が在陣中に体調を崩して没しており、義弘自身も心身ともに疲れ果て国元に帰りたいと願っていたのであろう。

さらに、このわずか五日後の八月七日にも、

わざと申まいらせ候、すなわち唐と日本のあつかいもあいきれ候由、申しちらし候、さては我等帰朝の儀は中々おもひ絶たる儀に候、しからば又八郎事、渡海なきように候へかしと明暮思ひまいらせ候、久四郎（忠清）事も今に在京候や、いかがとぞんじまいらせ候、しかれば彼三年間、しんくしんらう（辛苦・辛労）つかまつり候事も、御家のため、又は子共のほうくう（奉公）と存じ候てこそありきまいり候儀に候に、さてさて我等なく（亡く）なり候はば、子共のしんたい（進退）行衛いかが成べきやと存じ候へば、袖に涙もせきあへぬ計りにこそ候へ、さいしやう（宰相）しんたい事ハ子共あまた有る事に候間、我らが儀は申すに及ばす、子共のために候間、それのかくご故あしを立候はぬやうに候はば、我ら跡なきに、たとへ一万部の経をよみ候てたむけ候はんよりもうれしかるべく候

と、明との和平交渉が進まず、自分（義弘）の帰国もかなわないようだと伝えている。それならば、せめて又八郎（忠恒）が朝鮮に渡海（病死した久保に代わって）せずに済む

ことをいつも願っているとあるが、この願いは叶わず、同年十月九日、忠恒は名護屋（現佐賀県唐津市）を発し、十月三十日に義弘の居る巨済島《コジェド》に到着している。

「あまりくたびれ候て」

続いて、久四郎（忠清）はまだ在京しているのか。どうしているのか気になっていると、子供たちのことを心配していると宰相に伝えている。この時義弘は六十歳。忠恒は義弘が四十二歳、忠清は四十八歳、末娘の御下《おした》は五十歳の時の子である。年をとって授かった子供たちだけに、子を思う気持ち・愛情がひとしお深かったのであろう。自分は三年も朝鮮で辛苦・辛労を重ねているが、これも島津家のため、子供のためと思っている。もし自分が死んでしまったら、子供たちがどうなってしまうのかと考えると、袖に涙がせき止められないほどあふれ心配でならない。宰相は子供に恵まれたので、子供たちのためにがんばってもらいたい。そうしてくれれば、自分が死んだ後に一万部のお経を唱えて弔《とむら》ってくれるよりもうれしいと書き送っている。

この翌年、文禄四年六月、義弘は帰国し、京都で秀吉に拝謁し領地朱印状を授けられた。この時、居城を栗野城から帖佐館《ちょうさ》（現始良市）に移すことになり、あわただしく薩摩に帰国。年末には京に戻り、小西行長と明の沈惟敬《ちんいけい》とが中心になって進めていた和平交渉の成り行きを見守っていたが、慶長元年（一五九六）九月に交渉は決裂、再出兵となり、翌慶長二年三月に再び朝鮮に向けて出陣した。次の書状は、この間の慶長元年閏《うるう》七月二十八日付で宰相に宛てたものである。

我等も頃はがいけ（咳気《がいけ》）にて候や、老のやまいにて候や、七日八日程しよくし（食指）これなく候、柿などのるい（類）もほしく（欲しく）もこれなく候、これにてすいりやう（推量）あるべく候、あまりくたびれ（草臥れ）候てより座内も立居成しがたき躰に候、いしやう心も遠く成候てこゝろぼそく（心細く）こそ候へ、か様に申し候て人の命はしれぬ物にて候間、きづかいそれよりあるましく候（略）

この頃、義弘は体調が悪かったようで、咳気か老化か分からないが、ここ七、八日食欲がなく柿なども欲しいと思わないと伝えている。これで自分の状況を察してもらいたい、くたびれ果てて、ちょっとした立ち居もままならず、放心状態で心細い、人の命などどうなるものか分からないものだと弱音を吐いている。勇猛果敢な義弘のイメージとかけ離れた、偽りのない本心が吐露《とろ》されている。それだけ宰相を信頼していたのであろう。

このように、義弘は朝鮮に行きたくなかった。島津家を守るため、家族のために己を犠牲にして出兵に参加していた。身も心もボロボロで、早く家に戻りたい、家族に会いたいと願い続けていたのである。

そのような義弘に、中国人家臣や彼らと手を組む中国の工作員が接触して撤兵を勧めてきた。また出兵を命じた秀吉も死去し、豊臣政権からも撤退の指令が届いた。義弘はすかさず撤兵実現のために動いたのであった。

第六章　徳川政権と島津氏

伊集院忠棟誅殺

慶長三年（一五九八）、島津義弘は、泗川《サチョン》の戦いや露梁《ノリャン》海戦で明・朝鮮軍を打ち破り、明将茅国器《ぼうこくき》やその部下の史世用《しせいよう》らと連絡を取り合って、国器の弟茅国科《こくか》を人質とし朝鮮から撤退した。十二月十日、筑前博多（現福岡市）に上陸、兵は薩摩に帰し、自身は京都に向かい、二十九日伏見城で五大老に謁見した。

五大老はじめ諸将は、日本軍が朝鮮から無事に撤退できたのは義弘らのおかげだと褒め称え、翌慶長四年一月九日、豊臣政権はその恩賞として、秀吉が召し上げていた出水《いずみ》の薩州《さっしゅう》家領、薩摩各所に設けられていた秀吉蔵入地・石田三成領・細川幽斎領、計五万石を恩賞として忠恒に宛てがった。

この時、石田三成らは、秀頼が成人するまで新しい知行は与えないと取り決めていたはずと、これに反対したが、家康が「この度の勝利は、異国・本朝古今無双の軍忠」と押し切って実現させたという（五味克夫「『御厚恩記』をめぐって」）。

さらにこの頃、島津氏は銀三百貫目の負債があり、その返済に苦慮していたが、これを知った家康は判金二百枚（五百枚とも）を無利子で貸与している。

また、義弘の兄義久および義弘夫人の宰相《さいしょう》は、慶長二年三月に義弘が朝鮮に向かった際に上京し、以来、京都に詰めていたが、義弘が上京してきたため、慶長四年二月、義久は二年ぶりに帰国することになった。

その直後の三月九日、島津忠恒が伏見屋敷に重臣の伊集院忠棟を召し出した。そして、その場で斬り殺してしまったのである。

忠棟は、島津氏と豊臣政権とのパイプ役を果たしていた。豊臣政権の指示・意向にもとづき、島津側が嫌がることも率先しておこなっていた。豊臣政権も、太閤検地に基づく文禄四年（一五九五）の領地朱印状を義弘に与えた際、忠棟に日向国庄内《しょうない》（現宮崎県都城《みやこのじょう》市）など八万石を与えるように直々に指示している。豊臣政権は忠棟を準直臣とみなしていたのである。こうした姿が、忠恒の目には豊臣政権の威を借り、主君を主君と思わない驕《おご》り高ぶった姿に映ったのであろう。

また江戸時代なかばに薩摩藩が編纂した『島津国史』には、文禄元年に忠棟の讒言《ざんげん》で歳久が自刃に追い込まれたことも一因だとある。文禄三年、福建巡撫《じゅんぶ》の許孚遠《きょふえん》が秀吉の処分を明皇帝に請うた「請計處倭酋疏《こうけいしょわしゅうそ》」にも「かつて秀吉は、島津氏の重臣幸侃《こうかん》（忠棟）を通じて、義久に自らの潔白を明らかにするため弟の中書を殺させた。義久はうわべたけは秀吉に従っているが、内心では一日たりとも秀吉に対する恨みを忘れていない」とあり、忠棟が関与していたことが記されている。歳久自刃が一因だとすれば、忠棟誅殺は、忠恒の一存というより、義久の指示・命令であったのではないかと思えてくる。

それはともかく、豊臣政権とのパイプ役である忠棟を、承諾も得ずに討つというのは、豊臣政権に刃向かうに等しい。当然、石田三成らは激怒した。

忠恒は高雄《たかお》（現京都市右京区）の長谷寺（神護寺か）に入り謹慎した。豊臣政権から厳罰に処されてもおかしくない情況であったが、徳川家康は、忠棟の家臣たちが島津邸を襲う恐れがあるからと、井伊直政《いいなおまさ》を島津邸に派遣し護らせた。高雄にも使者を派遣して、忠恒を慰めるとともに、謹慎が解けるように尽力している。そして忠恒が許されると、伊奈図書《いなずしょ》に百騎あまりの武士を付けて、伏見の館に戻る忠恒を護衛させた。

家康は、島津氏を異常なほど厚遇しているのである。

庄内の乱

忠恒が伊集院忠棟を討ったという知らせは、三月下旬には薩摩に届いていた。義久は、すぐさま庄内にいた忠棟の嫡男忠真《ただざね》に城を明け渡すように命じ、有力家臣には忠真ら庄内側と絶縁することを誓う起請文《きしょうもん》を書かせた。

忠真は下城を拒んだ。伊集院氏の所領庄内には、本城の都城を中心に、東に山之口《やまのくち》・勝岡《かつおか》・梶山《かじやま》城、西に山田《やまだ》・安永《やすなが》・財部《たからべ》城、南に末吉《すえよし》・梅北《うめきた》・恒吉《つねよし》城、北に志和池《しわち》・高城《たかじょう》・野々美谷《ののみたに》城の十二外城があり、忠真は有力家臣をこれらの外城に配して守りを固めた。

一方、義久も忠真討伐の許可と忠恒の帰国を豊臣政権に願い出た。これも家康が尽力して許可を与え、忠恒は急遽、帰国した。六月には、東霧島山金剛仏作寺《つまきりしまさんこんごうぶっさくじ》（東霧島権現社の別当寺《べっとうじ》、廃寺。現都城市高崎町《たかざきちょう》）に本陣を構え、庄内を包囲した。佐土原《さどわら》（現宮崎市）城主の島津豊久《とよひさ》、垂水《たるみず》城主の島津以久《もちひさ》ら一門、喜入忠政《きいれただまさ》・種子島久時《たねがしまひさとき》・入来院重時《いりきいんしげとき》ら重臣たちもそれぞれ兵を率いて駆けつけ、兵力は数万に達したという。

忠真は義弘の末娘御下《おした》を夫人に迎えており、義父の義弘を頼り、六月十八日、仲介を求める書状を送った。義弘は下城して義久のもとに出頭するように勧めたが、その返事が届く頃にはすでに戦闘が始まっていた。

戦闘は六月二十三日、島津勢が庄内の北西にある防衛拠点山田城を攻撃したことにより始まった。苦戦の末、なんとかこれを落城させ、また二十五日には南端にある恒吉城も攻略した。しかし、二十六日の末吉城攻めは失敗。逆に二十九日には東霧島の本陣が伊集院勢に攻撃される有様で、忠恒は本陣を山田城に移した。

その後、戦いは膠着状態に陥り、この情況が半年ほど続いた。この間、島津側は何度も攻勢に出ているが、その度に撃退され、多大な犠牲者を出し続けた。

また、豊臣政権が寺沢広高《てらざわひろたか》を、家康が家臣山口直友《やまぐちなおとも》を薩摩に下向させ、島津氏と伊集院氏の調停に当たらせていたが、こちらも不調であった。

島津が苦戦していることを知った家康は、八月、日向高鍋《たかなべ》（現宮崎県高鍋町）の秋月《あきづき》種長《たねなが》、同飫肥《おび》（同日南市）の伊東祐兵《いとうすけたか》、同縣《あがた》（同延岡市《のべおか》）の高橋元種《たかはしもとたね》、肥後人吉《ひとよし》の相良長毎《さがらながつね》、同宇土《うと》の小西行長《こにしゆきなが》、筑後柳川《やながわ》の立花宗茂《たちばなむねしげ》ら九州の諸大名に島津氏を応援するため出兵を命じた。しかし、島津氏はこれを固辞し、一部の兵が薩摩に派遣されただけに止まった。

十月、忠恒は本陣を森田（現都城市野々美谷町）に進め、そこから東一キロほどの所にある伊集院方の北の防衛拠点志和池城を囲み補給路を断った。翌慶長五年二月六日、志和池城は兵糧が尽きて落城、これを機に、梶山・勝岡など他の外城も次々と降伏した。

消え去った豊臣の楔

忠真が追い込まれた情況を見て、家康の家臣山口直友が再び講和交渉に乗りだした。山口が再び薩摩に派遣されることを知った義弘は、二月十四日付で忠恒に書状を送っている。（『旧記雑録』後編巻四十八）、

庄内（都城）の儀長々しく候ては悪しかるべく候、その故は、内府（家康）様へ別儀あるべからずの旨、連々申し上げられ（略）内府様御心中はかりがたく候、しかる時は先々この御あつかいに任せられてしかるべきのよし

と、家康の仲介案に従うべきだとある。

そして、山口の仲介で二月二十九日には講和がまとまった。忠恒は三月八日付で書状

を出している。その書状には宛名が記されていないが、義弘に出したものと思われる。

志和池落居以後、うち続き城々あい済み、都之城までにあい極まり候間、源次郎（忠真）事は助け置くべきも、刎首《ふんしゅ》すべきも、いかようにも容易にせめ成り候間、ミやこの城もふミつぶすべきと存じ候へども、内府様（家康）御あつかい候旨をあまりに申し破り候へば、公儀時宜いかがに候条、源次郎あい助け、少々知行遣わし、召し出すべきよし、山勘（山口勘兵衛直友）へ申し談じ、勘兵衛より源次郎方へ申し遣わされ候ところ、貴所ご存じのごとく候、寺志摩（寺沢志摩守広高）あい越され候刻、つよだて申したるにあい替わり、召し出しの儀ことのほかうれしがり、追付け都之城下城いたし、まかり出るべきにあい定まり候

忠真を生かすも殺すも思いのまま。都城を攻め潰すことも容易な情況だが、家康の指示を無視することもできないので、少し知行を与えて召し抱えることにした。山口直友からこの話を聞かされた忠真は、寺沢広高が講和に尽力していた頃はたいへん強気だったのに、その態度を改め、たいへんうれしがり、すぐにも都城を明け渡すと申し出たと

ある。

こうして忠真は庄内を明け渡し、頴娃《えい》（現南九州市）二万石が与えられたのである。忠恒による伊集院忠棟の誅殺と、それに続く庄内の乱で、豊臣政権が島津氏の家中に打ち込んだ伊集院氏という楔《くさび》が消え去った。

忠恒が忠棟を誅殺し、豊臣政権による忠恒への処分を家康が食い止める。また忠棟誅殺直前に義久は帰国しているが、帰国前に家康としばしば会っている。そして帰国後の忠真の反乱に対する義久のすばやい対応。また庄内の乱鎮圧への家康の協力・関与。この一連の流れを見ていると、豊臣政権の関与を嫌う義久と忠恒、関与を薄め自分の陣営に引き込もうとする家康、この三人が手を組んで仕組んだものに思えてならない。

家康不在の留守番を頼まれた義弘

島津義久・忠恒が庄内の乱の鎮圧に苦慮していた頃、京・大坂の政局も緊迫していた。慶長四年（一五九九）正月、豊臣秀頼は、亡父秀吉が隠居後に暮らしていた伏見城を離れ大坂城に入城した。これに大老の前田利家が従い、秀頼が去った伏見城には同じ大老の徳川家康が入った。政治の中心地が大坂と伏見に二分したのである。

さらに慶長四年閏三月三日、前田利家が病没し、政権内の争いが表面化した。まず利家が没した日の夜、加藤清正・福島正則・黒田長政らが石田三成襲撃を企て、三成は家康の屋敷に逃げ込んだ。家康は加藤らをなだめ、三成から奉行職を剝奪して、居城近江佐和山《さわやま》城（現滋賀県彦根市）に蟄居させた。

七月、五大老の上杉景勝・前田利長・宇喜多秀家・毛利輝元、さらに加藤清正・黒田如水・細川忠興ら有力武将があいついで帰国した。伏見に残った家康は、九月二十七日に大坂城西の丸に入城した。その直後、家康は、前田利長・細川忠興が家康の暗殺を企てていたとして、追討を命じた。驚いた利長・忠興はすぐさま家康に弁明し、利長は母芳春院《ほうしゅんいん》を、忠興は嫡男光千代（後の忠利《ただとし》）を人質として江戸に送った。

続いて家康は上杉景勝に謀反の疑いをかけた。景勝はかつて越後・越中を統治していたが、慶長三年に陸奥会津百二十万石に加増・転封されていた。新しい領地の支配体制を強化しようと、城の修改築をおこない、新たに家臣を召し抱えていたのだが、これらが謀反の準備とみなされたのである。慶長五年三月、家康は景勝に上洛して弁明するように命じた。しかし、景勝はこれを拒否。家康は上杉討伐を命じ、六月十六日、家康自ら総大将となって大軍を率いて出陣したのである。

この間の四月二十七日、義弘は家康から直々に伏見城在番を依頼されていた。同日、義弘が兄義久に宛てた書状には、

今朝　内府様（家康）へまかり出、庄内一着の御礼申し上げ候、別て御気色よく、入来院又六・善戴坊召し出され、御前ニて御食下され候（略）その返事（上杉からの回答）により、内府様御馬出さるべくに御定め候、それにつき伏見の御城御留守番いたすべきの由、御面を以て拙者へ仰せ付けられ候（略）伏ミの御留守番にあい定り候はば、人数等丈夫に召し置かれず候はば、御家の御ためにも然るべからざる儀ども候、その上天下の取り沙汰もいかが候はんやと存じ候条、御人数の儀、急度上着候ように仰せ付けらるべく候（略）庄内在陣わき諸侍も、めいわくに存ずべく候、しかりといえどもここ元は百石に三人役に仰せ付けられ、奥州へ出張のよしに候、当方の儀は御留守番に候条、百石に一人役に仰せ付けられ候は、あい調うべきかと存じ候

と、家康から直々に、上杉を討伐することになった際は伏見城を守ってもらいたいと依頼されたことを伝え、城の留守番となればそれ相応の兵力が必要になる。庄内の乱の

直後でもあり、家臣たちは迷惑だと思うであろうが、上杉討伐に向かう者たちは百石につき三人の軍役を負担している。留守番は百石につき一人と比較的負担が軽いので、何とか兵を送ってもらいたいと依頼している。

「手前無人にて」

義弘の増援要請は義久らに無視された。

義弘は息子の忠恒に、五月十七日に家康の会津出陣が来月中と決まったので、それまでに庄内の御礼のため上洛しておいたほうが良いと伝え、五月二十五日にも「会津立ちござ候につき、貴所御供衆の分召し置かれ、その外の人数早々差し上げらるべき事」と兵を送るよう指示した。しかし、これも無視された。

義久・忠恒が兵を送らなかった理由は定かではない。庄内の乱で、家臣たちは多大な支出・犠牲を払っており、義弘が記しているように「めいわく」と思っていたであろう。かねてから家臣たちの意向を重視していた義久は、これ以上、家臣に負担をかけるわけにはいかないと判断したのかもしれない。そもそも、義久は中央政権と係わることを嫌っていた。豊臣政権の軍役も必要最低限のもので済まそうとしていた。天正二十年（一五九二）、義弘が朝鮮に出陣した際に兵も船も集まらなかったが、今回もこの時同様、義弘のもとには兵が集まってこなかったのである。

そうしている間に時は流れ、七月十二日、三成らが挙兵した。伏見にいた義弘もその情報を得、新納《にいろ》旅庵《りょあん》を大坂に下した。その時の覚に「伏見御城本丸・西之丸の間に御番仕るべきのよし両度におよび申し理候といえども、御納得なく候」と、義弘は家康との約束に従い、伏見城に入りたいと何度も申し出たが、城を守る家康の家臣鳥居《とりい》元忠《もとただ》に断られたとある。それならばと「御城内へ在番致さず候は、大坂へまかり下り、秀頼様御側へ堪忍致すべくと存じ候」と考えたが、これもうまく行かなかった。京・大坂にいる武将は、石田方か徳川方か旗幟を鮮明にしなければならなくなり、義弘も決断を迫られた。

義弘は石田方に味方すると決断を下した。七月十四日、義弘は義久と忠恒それぞれに兵を至急送ってもらいたいと書き送っている。忠恒に宛てたものには、

手前無人にて、何を申し候てもまかり成まじく（略）我等も御家の御為に御奉公、高麗より打ち続き在京致し候間、自然《じねん》の時は見捨て候まじき哉《や》と、堅く届け申し候へば、

身命の限りは見捨てあるまじくの由、返事承り候ぎ、その段今に相違なきにおいては、人数等差し上げられ、御入魂本望たるべく候

と、兵がいないので手の打ちようがない。島津家のために戦い続けてきた義弘を見捨てることはないと言っていたではないか。今もその気持ちが変わっていないなら兵を送ってくれとある。

また、義久・忠恒宛の両方に「かみ様（上様・亀寿《かめじゅ》）御進退、いずかたへ移し申すべきやと談合最中」と、義久の娘で、忠恒夫人となっていた亀寿の安全を図っていることを伝えている。亀寿や義弘夫人の宰相は、事実上、石田方の手の中にあり、人質にとられているようなものであった。この二人、特に亀寿の命は絶対に守らなければならなかった。彼女は義久の最愛の娘であり、忠恒が義久の後継者でいられるのも亀寿の婿だったからである。亀寿の命を守るため、これが義弘が西軍に味方した最大の理由だという説もある（桐野作人『関ヶ原　島津退き口――敵中突破三〇〇里』）。

七月十九日、西軍の兵が伏見城を囲んだ。その中に島津勢もいた。伏見城は八月一日に落城したが、城攻めに参加した島津勢にも多くの死傷者が出てしまった。

もともと少ない兵力を至急補充しなければならず、義弘は伏見城落城の前々日、七月二十九日、国元の家臣本田正親・伊勢貞成に「心あるべき人は分限によらず、自由にてまかり上るべき事この時に候」と、参陣できるものはとにかく上ってこいと命じている。これに応じ、義弘を慕う者や武勲を挙げたいと願う者たちが三々五々集まってきたが、といっても、八月二十日頃でも千人程度であった。これに日向佐土原から駆けつけてきた島津豊久《とよひさ》（家久の子）の兵五百を加えたものが島津の総兵力である。

伏見城落城後、西軍諸将は美濃（岐阜）へと進軍し大垣城に入った。

一方、上杉討伐に向かっていた家康は、七月二十四日、下野《しもつけ》国小山《おやま》（現栃木県小山市）で三成挙兵の知らせを受け、ここから取って返してきた。東軍は八月二十三日には、岐阜城を攻め落とし、九月十三日には家康が岐阜城に入城した。十四日、家康は本陣を赤坂《あかさか》（現大垣市）に進め、大垣城を捨て置き、三成の居城佐和山城を目指し、一気に大坂まで進軍しようとした。

西軍は驚き、主力を大垣城から関ヶ原に向かわせた。十五日早朝には、北国街道に近い笹尾山に石田三成が陣を構え、その南・中山道の北側に島津義弘・小西行長《こにしゆきなが》・宇喜多《うきた》秀家《ひでいえ》らが、中山道の南側松尾山一帯に小早川秀秋《こばやかわひであき》、その麓に大谷吉継《おおたによしつぐ》らが布陣した。さらに関ヶ原の東方の南宮《なんぐう》山一帯に毛利《もうり》秀元《ひでもと》・吉川広家《きっかわひろいえ》・安国寺恵瓊《あんこくじえけい》・長束正家《なつかまさいえ》・長宗我《ちょうそが》部《べ》盛親《もりちか》らが陣取った。

一方、東軍は赤坂から中山道を西に進み、池田《いけだ》輝政《てるまさ》・浅野《あさの》幸長《ゆきなが》らを南宮山押さえとしてとどめ、他の部隊は明け方近くに関ヶ原に到着した。関ヶ原の北側に黒田長政・細川忠興・加藤嘉明《かとうよしあき》らが、中山道の北に松平忠吉《まつだいらただよし》（家康の子）・井伊直政《いいなおまさ》、南に本多忠勝《ほんだただかつ》・藤《とう》堂高虎《どうたかとら》・福島正則《ふくしままさのり》らが布陣し、その後方桃配山に家康は本陣を構えた。

午前七時頃、東西両軍は激突した。両軍一歩も譲らず、一進一退の情況が数時間続いた。三成は狼煙をあげ、また伝令も送って、南宮山の毛利勢、松尾山の小早川勢に参戦を促したが、毛利勢らは動かない。逆に昼頃、小早川秀秋が寝返り、麓にいる大谷勢に襲いかかってきた。大谷勢は善戦したが、いかんせん兵力が少なく壊滅。大谷吉継は自刃した。これを機に東軍は攻勢を強め、西軍は次々と崩れて敗走した。

島津義弘は、決戦の最中は兵を動かさなかった。西軍の敗北が決定的になった時、義弘はようやく動いた。敵のど真ん中を突っ切って戦場を離脱すると決心したのである。

この敵中突破に参加した生き残りの将兵の証言が『旧記雑録《きゅうきざつろく》』（後編巻五十一・五十二）に収録されている。その一つ「神戸久五郎覚書」には次のように記されている。

（西軍の敗北が決定的になった時）敵は何方《いずかた》か猛勢《もうぜい》か御尋ねにて候、東よりの敵もってのほか猛勢の由申し上げられ候へば、その猛勢の中へあい掛るべきの由御意候て、脇々に少づつの敵はいかにともこれあり候ても、その方は打ち置き候て、猛勢の真中えかけ入り、過分なる大敵を討捕なかを切明

義弘が「どこの敵がもっとも手強そうか」と聞いたので、家臣が「東からの敵がもっとも手強い」と答えると、「ではその敵に向かって突っ込め。その周りの敵は打ち置き突き進め」と命じたというのである。

また「黒木左近兵衛申分」には、

敵勢間近く寄せ来り候時、中書《ちゅうしょ》（島津豊久）様時分よくこれあるべくと候て、御馬にめし弓を御持ち候、赤崎丹後《あかさきたんご》今ちと早くござあるべく候、膝《ひざ》に懸け上るほど寄せ付け仕るべくと申し上げられ、少し間候て、時分よくござあるべくと丹後申され候へば、中書様御馬上に鑓《やり》を御持ちなられ候、この方軍衆一同に鉄炮一筒づつうち候へば、敵味方入り乱るに付、鉄炮用に立たず候、鉄砲を腰にさす人もござ候、またほそ引きなどにて琵琶懸けに頸《くび》に懸け候方もこれあり、捨て候人もこれあり候、そのまま刀を抜き敵に切り向かい候（略）この方軍衆右も左も敵を伐られ候、猛勢入り乱れ敵味方わかちもこれ無く候、三四町ほとも伐り通り候へば、少し敵うすき様にござ候

敵が間近に迫った時、豊久が戦い始めようとしたが、家臣の赤崎がまだ早いとこれを止め、「（敵が）膝に駆け上がるくらい」まで待ちなさいと申し上げた。しばらくして赤崎が「時分よく」と申し上げると、豊久は再び馬に跨がり、味方は鉄砲を一斉に打ちはなった。その後は敵味方が入り乱れ、鉄砲は役に立たず、鉄砲を腰に差す者、ひもで琵琶のように頸に懸ける者、捨てる者もいた。そしてそのまま刀を抜いて敵に突っ込んで行った。敵味方入り乱れ、無我夢中で三、四町（約三百～四百メートル）ほど突き進むと、

すこし敵が少なくなったとある。

島津隊は東軍の前線をなんとか突破し、家康の本陣の脇をすり抜け、南宮山の南にある伊勢街道を突き進んだ。これを見た松平忠吉・井伊直政・本多忠勝らが島津勢を追撃し、再び激戦となり、一時は井伊勢に囲まれ危うい状態に陥った。その時の様子は「帖佐彦左衛門宗辰覚書」に記されている。

味方の軍兵今を限りと防ぎ戦へども、この方は御無勢なれば、御一大事に極れり、御旗本は人数五六拾程もやあらん、一所に集り一合戦とあい極め御待ち給ふ所に、敵の大将飯侍従《じじゅう》（井伊直政）殿と見て、黒馬に大総掛《おおふさかけ》させ、白糸威《おどし》の鎧《よろい》に小銀杏《こいちょう》の楯物指《たてものさし》たる甲《かぶと》を着、長刀《なぎなた》をかひくふて片手縄にかかり、義弘様の御前近く馬を乗り籠《こ》め大音揚《あげ》て云けるは、何とて時刻を移すぞ、兵庫（兵庫頭《ひょうごのかみ》・義弘）打てと詈《ののし》りかかりける処に、川上四郎兵衛殿被官《ひかん》柏木源藤《かしわぎげんとう》進み出、鉄砲を以て大音上げる大将の胸板上巻《あげまき》かけて打すかせば、馬より下にどふと落つ、敵の軍兵大将の打れたるを驚きふためきにけり、殿様御覧じて、時分は今ぞ、早く切頽《きりくず》し通れとの御下知にて、大勢の真中を切通し、一先御運を開き給へども、致し方なき御時節にてぞござ有ける、しかるに阿《あ》多長寿院《たちょうじゅいん》殿まず前に進

み出、嶋津兵庫頭（義弘）と名乗り戦死を遂げられ候

追撃してきた井伊の軍勢に義弘たちは取り囲まれ、帖佐は白糸威の鎧をまとった井伊が義弘の近くに迫り、家臣たちに「何をぐずぐずしているか。早く義弘を討て」と叫んでいる姿を目の当たりにしている。その時、柏木源藤という武士が、井伊を狙撃、弾が命中し井伊が落馬した。井伊の軍勢は驚き、慌てふためいた。その隙に義弘らは包囲を抜け出している。なお井伊はこの時の傷がもとで一年半後に死去した。

井伊の囲みを打ち破ってホッとしたのもつかの間で、すぐに別部隊が迫ってきた。この時は家臣の阿多長寿院が「我こそ島津兵庫頭なり」と叫んで敵に突っ込み、義弘の身代わりとなって討ち死にし、義弘たちは難を逃れた。また、義弘の甥豊久も、乱戦の中、義弘本隊とはぐれ討ち死にしている。

ところで、島津勢は、最後尾の部隊が本隊を逃すために踏みとどまって戦い、その部隊が全滅すると次の後方部隊が踏みとどまって死ぬまで戦い続ける。これを繰り返して本隊を逃がす「捨て奸《がまり》」の戦法をとったとよく言われるが、実際はそんな戦法はとっていない。一丸となって無我夢中で敵に突っ込み、大勢の犠牲者を出しながらもなんとか

東軍の追撃を振り切り、戦場を離脱したというのが真実である。

苦難続きの逃避行

戦場を離脱した義弘らは、味方が立て籠もる大垣城を目指した。しかし、大垣城方面から火の手が上がっているのを見てこれを断念し、伊勢路をさらに南下して駒野《こまの》（現岐阜県海津市南濃町）に着いた。ここで義弘は帰国を決断。針路を西へと変えた。

夜中に駒野峠を越えた一行は、関地蔵《せきじぞう》（現三重県亀山市）から鈴鹿峠《すずかとうげ》を越え京都に向かおうとしたが、途中の土山《つちやま》（現滋賀県甲賀市）ですでに東軍が京都に向かったことを知った。義弘は入京をあきらめ、鈴鹿峠を引き返し堺に向かうことにした。

「帖佐彦左衛門宗辰覚書」によれば、堺に向かうことが決まったが道が分からない。案内人を探しても、誰も応じようとせず、困り果てている時に四十あまりの白髪頭の男が通りかかった。この男に道を尋ねたら山を指さして、その麓の道を抜けていけばいいと言うので、案内を頼んだが「いやだ」という。この男を逃しては帰れないと取り押さえ「案内すれば謝礼をはずむ。断るなら命をもらう」と脅して案内させたという。また、この男に義弘がいることがばれるとまずいので、義弘は粗末な服を着て下人を装ったという。

また「神戸久五郎覚書」には、信楽《しがらき》（現滋賀県甲賀市）で宿を地元の者たちに包囲され、木脇祐秀《きわきすけひで》らが背後から攻撃して追い払ったとある。さらにその後、一行は道に迷い、後醍院喜兵衛《ごだいいんきへえ》らが近くの民家に行って案内を頼んだが、家の亭主はどうしてもいやだと言い、女房が騒ぎ出した。隣の家の者が駆けつけてきたので討ち果たし、亭主を縛り上げて案内させたが、騒ぎを聞きつけた近所の者たちが鉄砲を撃ちかけながら追ってきたので、彼らもまた鉄砲で反撃しながら逃げたとある。関ヶ原の戦場を離脱しても安全という訳ではなかったのである。

義弘を守る堺商人たち

九月十八日、なんとか摂津国平野《ひらの》（現大阪市平野区）に辿り着いた義弘は、大勢では目立つと、家臣たちを数人ずつの小グループに分け、大坂・堺などに向かわせた。大坂に向かった者には、自身の無事を夫人の宰相と忠恒夫人の亀寿に伝えさせ、あわせて大坂退去の準備をするように指示した。

義弘自身は住吉《すみよし》（同住吉区）の田辺屋道与《たなべやどうよ》という商人を頼り、道与が手配した女乗物《おんなのりもの》駕籠《かご》に乗り、大重平六《おおしげへいろく》という家臣だけを供にして住吉に向かった。夜更けには先に分かれた伊勢平左衛門・白浜七助ら家臣たちも、三々五々夜陰に紛れて田辺屋に着いた。

しかし、住吉は東軍の探索が厳しく、田辺屋と義弘が親しいことは知られているため、ここは危ないと、二十日、田辺屋の紹介で堺の塩屋《しおや》孫右衛門《まごえもん》という商人の屋敷に移ることになった。その時供した神戸久五郎は、

堺にまかり在る塩や孫右衛門と申す者御迎えに参り候由申し上げ、乗物をかゝせ参り候に付、これに召しなされ、堺の様にござなされ候、とがめ候得ども、塩屋孫右衛門と答えまかり通り、孫右衛門屋敷裏屋の口より土蔵内に入りたてまつり（略）右孫右衛門表店ならびに居宅へは、関東の家さがし奉行宿にて、日々夜々、西国の落人五人十人切り捨て候、その屋敷に忍びてござ遊ばされ候あいだ、危うく思し召さるべくと孫右衛門見たてまつり、孫子の由申し候て、三歳ばかりのおさなき者を惟新《いしん》（義弘）様御膝上に置き、これは私秘蔵の孫にてござ候ゆえ、人質に差し上げ候条、少しも御懸念に思し召し上げられまじき由申し上げ候

と記している。義弘は迎えに来た塩屋とともに駕籠に乗って堺に向かった。途中、検問のようなものがあったが、「塩屋孫右衛門だ」と言って無事に通過し、屋敷裏口から屋敷に入り土蔵に匿《かくま》われた。孫右衛門の屋敷は、表側の店・居宅は東軍の家捜奉行が接収して、前の道を通る人を改め、日夜、五人も十人も落ち武者を切り捨てている情況であった。その同じ敷地内、目と鼻の先に義弘は匿われていたのである。塩屋は、自分が裏切るのではないかと義弘が心配しているのではと察し、三歳ばかりの孫を義弘の膝に乗せ「これは自分の秘蔵の孫でございます。人質に差し出しますので。どうぞご安心ください」と申し出たという。

実際、塩屋は義弘を裏切らなかった。

堺の商人たちと島津家は、勘合《かんごう》貿易など中国・東南アジアとの交易で昔から強い繋がりがあった。田辺屋も海外交易を生業としていた豪商である。だから義弘は堺の商人たちを頼った。堺の商人たちも命がけで義弘らを守り抜いたのである。

なお、無事に帰国した義弘は、田辺屋に御礼として秘伝の薬の製法を伝授したという。道与の子孫、田辺屋五兵衛が延宝六年（一六七八）にその薬を「たなべや薬」として売り出し、これが現在の田辺三菱製薬株式会社の始まりだと伝えられている。中国と太いパイプを持ち、許儀後《きょぎご》や郭国安《かくこくあん》ら大勢の中国人医師を召し抱えていた島津氏ならあり得ない話ではない。

三分の二が戦死・行方不明

塩屋孫右衛門は、義弘を逃がすために自分の所有する八反帆《はったんほ》の商船を用意していた。この船では心許ないと思っていたところ、九月二十一日夜、薩摩の軍船が堺に到着した。不審に思った大重が確認に行ったところ、間違いなく薩摩船で、住吉に入港するはずが誤って堺に入港したとのことであった。予想外の展開に義弘らは喜び、二十二日、堺を船出し、まず大坂沖に向かった。

一方、大坂には西軍が敗北し義弘が戦死したと伝えられていた。阿多長寿院が身代わりとなって討ち死にしていたため、義弘は戦死したものと思われていたのである。義弘が無事だと知らされるとみな喜んだ。そして大坂城脱出の手立てを考えた。

大坂城の出入りは厳重に監視されていた。特に宰相や亀寿は、人質であったため通行手形がないと城外に出ることはかなわなかった。そこで、義弘が戦死したという噂を逆手にとって、豊臣方に「この度関ヶ原に於いて、(義弘が)秀頼様の御奉公として戦死を遂げられ候間、右の御人質（宰相）は何とぞ御暇下されたく」「琴月《きんげつ》（忠恒）様御夫人（亀寿）は本のごとく御在洛成さるべく」（『新納忠元勲功記』）と願い出て宰相の通行手形を得た。亀寿はそのまま城内にとどめることになっていたが、亀寿も宰相の侍女に変装してまんまと城を脱出した。そして大坂沖で義弘と合流したのである。

義弘の船は瀬戸内海を西に進み薩摩を目指した。明石を過ぎる頃には他の薩摩船も多数合流し、さらに同じ西軍で領国の筑後柳川《やながわ》に戻る立花宗茂の船団も一緒になった。立花の船団と日向泊《ひゅうがとまり》（現山口県周防大島町）で別れた直後、豊後沖で東軍黒田如水の軍船と遭遇して戦闘となり、多くの犠牲者を出したが、なんとかこれを振り切り、九月二十九日、日向国細島《ほそしま》（現宮崎県日向市）に辿り着き上陸した。その後、高鍋（同高鍋町）・佐土原（同宮崎市）・八代《やつしろ》（同国富町）・大窪《おおくぼ》（現鹿児島県霧島市）を経て、十月三日、兄義久のいる富隈城（現霧島市）に着いた。そして義久に挨拶・報告をした後、自身の居城帖佐館（現始良市）に戻ったのである。

この時、義弘に従ったものは八十名あまりだったという。この他、義弘とはぐれた者・捕虜になった者が数百名いる。関ヶ原に従軍した者の三分の二ほどの者が戦死・行方不明となっており、関ヶ原の戦場離脱、薩摩への帰国がいかに困難なものであったか

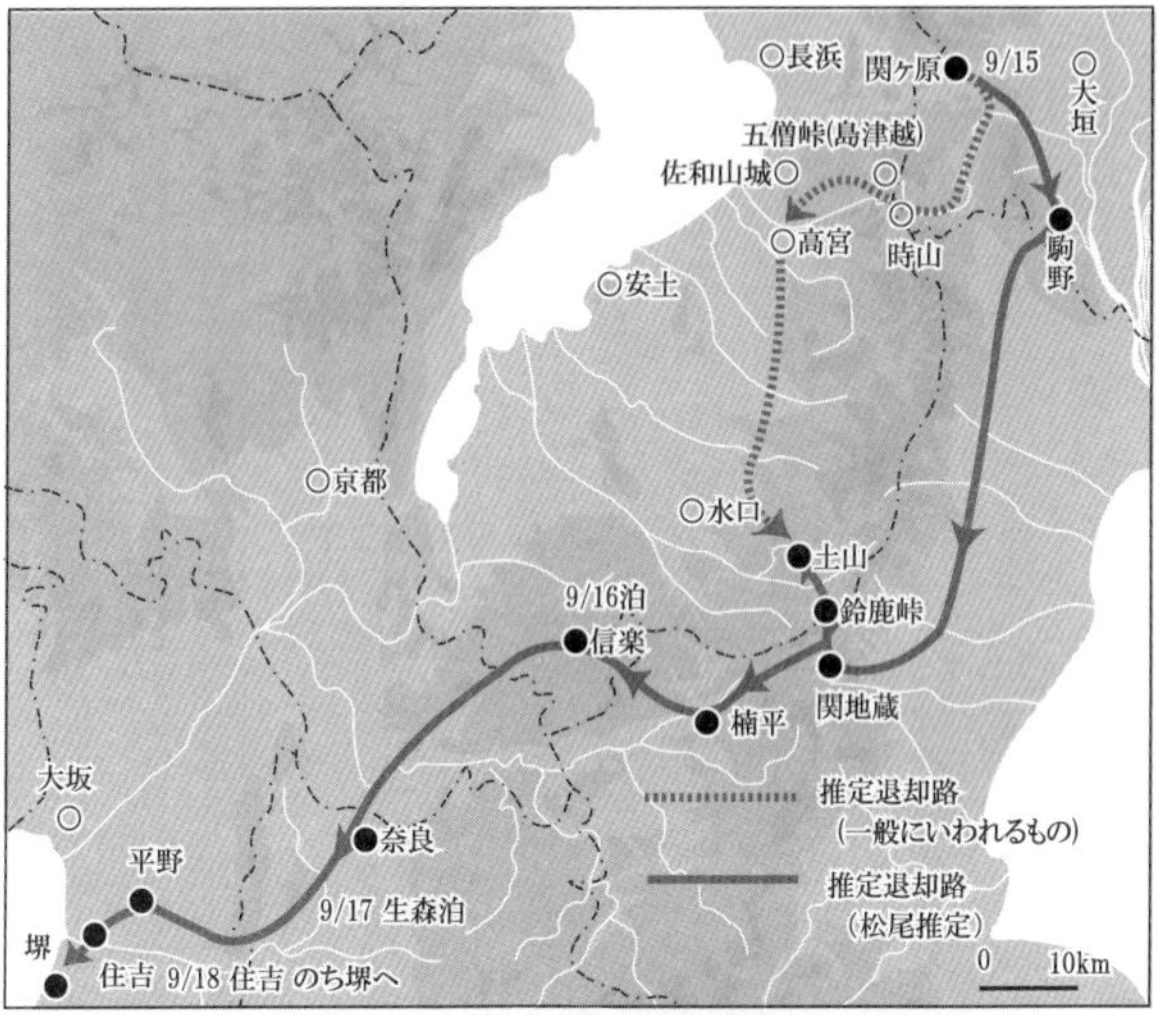
長浜
関ヶ原
9/15
大垣
五僧峠(島津越)
佐和山城
高宮
時山
駒野
安土
京都
水口
土山
9/16泊
鈴鹿峠
信楽
関地蔵
楠平
大坂
推定退却路
(一般にいわれるもの)
奈良
平野
9/17 生森泊
推定退却路
(松尾推定)
堺
住吉 9/18 住吉 のち堺へ
0 10km

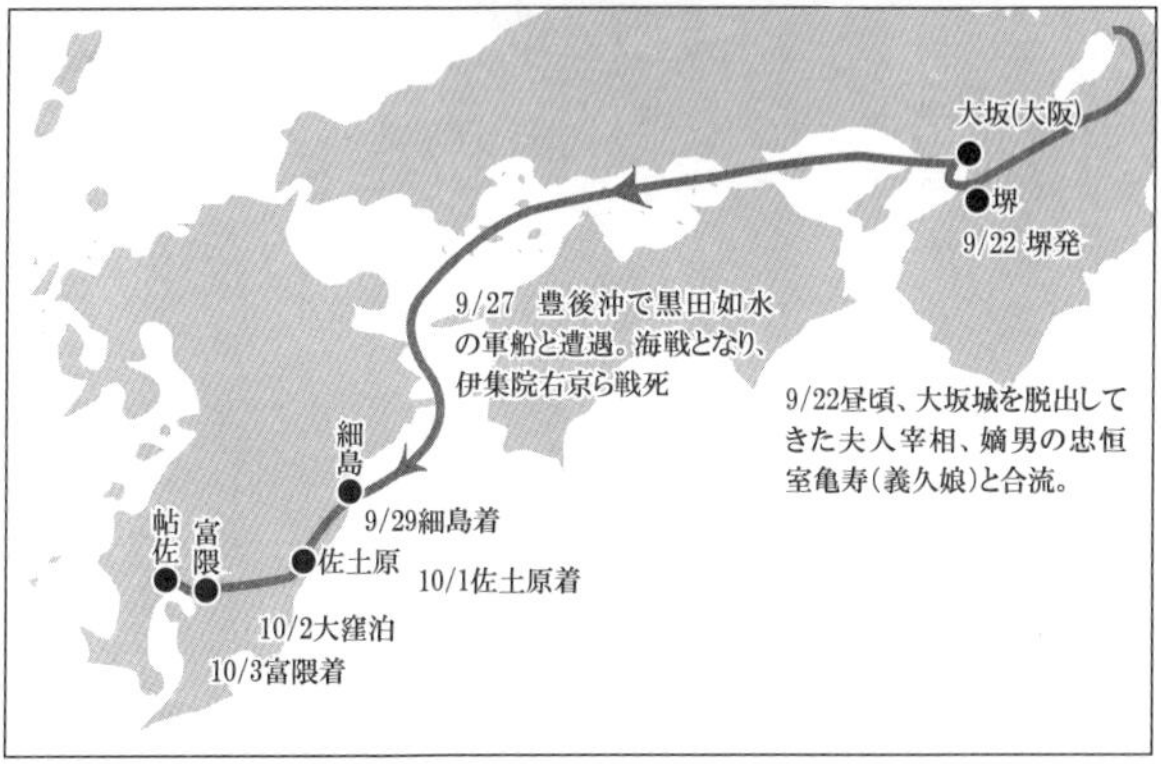
大坂(大阪)
堺
9/22 堺発
9/27 豊後沖で黒田如水
の軍船と遭遇。海戦となり、
伊集院右京ら戦死
9/22昼頃、大坂城を脱出して
きた夫人宰相、嫡男の忠恒
室亀寿(義久娘)と合流。
細島
9/29細島着
帖佐
富隈
佐土原
10/1佐土原着
10/2大窪泊
10/3富隈着

を物語っている。

和平交渉

島津義弘が薩摩に戻った後、徳川家との対応は兄義久と義弘の嫡男で義久の娘婿となっていた忠恒の手に委ねられた。

義久らは出水（現出水市）・大口（現伊佐市）など国境の守りを固めるとともに、豊臣政権とのパイプ役を果たし、庄内の乱でも伊集院氏との仲介の労をとった寺沢広高を頼り、十月二十二日、彼に家康との取りなしを依頼する書状を送った。

一方、寺沢も、共に庄内の乱で伊集院氏との和解に尽力した家康の家臣山口直友と連名で、九月二十八日に義久・忠恒宛の書状を出していた。それには「この度維新《いしん》（惟新とも・義弘）御逆意の段、是非なき次第に候、龍伯《りゅうはく》（義久）御父子御同意候や」と、関ヶ原合戦への義久・忠恒の関与が問いただされていた。忠恒は十一月四日付で「我々遠国にこれある故、かつて承らず」と答え、両人に取りなしてもらうしか手立てがなく、よろしく頼むと思っていると書き送っている。

さらに家康家臣の井伊直政、東軍の黒田如水、さらに降伏していた西軍の立花宗茂・

秋月種長らからも、島津氏も降伏するよう、また使者を派遣するように促す書状が届いた。特に井伊は熱心で、以後、徳川側の和平交渉の窓口は井伊直政・山口直友が務めることになる。

十二月晦日、井伊が派遣した勝五兵衛、山口が派遣した和久甚兵衛が、関ヶ原合戦後に捕虜になっていた本田助之丞らを伴って薩摩に下着した。慶長六年正月十六日、忠恒は家老の鎌田《かまた》政近《まさちか》に、

親類中成りとも、おとな中成りとも差し上ぐべきよし申し候ところ、龍伯（義久）自身の上をこの使いそぎのよし候、心もとなく候、隣国のやうをよく見きわめ候はでは成しがたく候、世上風聞候は、たしかなる証文共にてまかり出候人も違変これある由に候、さてさてさやうに候ては、家の恥辱是非《ちじょくぜひ》に及ばず候、もちろん、百に一つも弓箭叶《きゅうせんかな》いがたく

と、一族・重臣を上洛させると使者に話したところ、早く義久自身を上洛させるように言われた。確かな証文を持って出頭した者も、約束を反故にされたという噂もある。

のこのこ出て行って、約束を反故にされればたいへんな恥辱だ。戦って勝てる相手ではないが、家の名誉を守るためには、家中一丸となって戦い、命を落としても本望だと伝えている。

実際、本領安堵を約束されていた毛利家も、安芸《あき》百二十万石を没収され、防長《ぼうちょう》三十七万石に転封されている。指示に従い上洛した土佐の長宗我部盛親も改易になっている。うかつには動けなかったのである。

家康の家臣に

四月、徳川方は、やはり捕虜となっていた新納旅庵を送り返し、再度、義久の上洛を促した。これを受けて、義弘は桜島にしばらく蟄居《ちっきょ》し、八月、義久らは家老の鎌田政近を上洛させ改めて恭順の意を示した。徳川方はなお義久の上洛を求め、これを実現させるため、島津家の所領安堵、義久・義弘・忠恒の命を保証すると記した本多正信・山口直友の起請文を鎌田に託した。だが、義久らは警戒を解かなかった。十月、今度は従兄弟の島津忠長《ただなが》（宮之城家《みやのじょう》）と新納旅庵を上洛させ、家康自身の起請文を求めたのである。

慶長七年四月十一日、家康は島津氏の所領を安堵し、忠恒の家督継承を認め、義久・

義弘の安全を保証する起請文を書いた。

義久はなお上洛を渋ったが、忠恒が義久を説得、忠恒自身が義久の代理として上洛することにした。同年七月、義久は徳川方の窓口である山口直友に、

度々上洛の儀仰せ下され候、愚老も今一度の上洛念望につき、当春、すでにそれを催し候ところ、去年以来の煩い、なかんずくこの節散々の体たらくに候、種々養生すといえどもその験なきに任せ、にわかに又八郎（忠恒）上京候

と、病のため自分の上洛がかなわないので、忠恒を上洛させると伝えている。

八月、忠恒は上洛の途についたが、同月十七日、野尻《のじり》（現宮崎県小林市）で供をしていた伊集院忠真を討った。また同じ日、弟の小伝次が義久の居城のある富隈で、同三郎五郎と千次が谷山（現鹿児島市）で、母が阿多《あた》（現南さつま市）で殺害された。関ヶ原合戦の前、上杉討伐に向かう家康を義弘が山階《やましな》（現京都市山科区）まで見送った際、山口直友から、忠真母子が家康に島津家への不平・不満を何度も訴えていることを知らされていた。庄内の乱で島津家に刃向かい、その後も不平・不満を抱き、家中の足並みを乱

す恐れのある忠真らを排除したのであろう。

そして、忠恒は九月二十三日、細島を出港し、十月入京した。

一方、家康も十一月二十六日に江戸を発ち、十二月二十六日、伏見城に入った。二十八日、忠恒は伏見城に赴き、家康に所領安堵の御礼を言上した。これにより、島津家は正式に家康の家臣となったのである。

西軍なのに所領安堵

家康は、西軍に味方した大名たちに厳しい態度で臨んだ。

石田三成・小西行長・安国寺恵瓊は所領没収の上斬罪に処された。関ヶ原で戦死した大谷吉継《おおたによしつぐ》、合戦後に捕らえられて切腹した長束正家、合戦時に大坂城を守備していた増《まし》田《た》長盛《ながもり》、信長嫡孫の織田《おだ》秀信《ひでのぶ》、岡山の宇喜多《うきた》秀家《ひでいえ》、土佐の長宗我部盛親、筑後柳川の立花宗茂らは所領を没収された。なお宇喜多は薩摩に逃れ、忠恒らに匿われていた。家康から赦免された際、忠恒は宇喜多を匿っていることを家康に告げ、助命を嘆願した。家康はこれを容れ、宇喜多を八丈島への流罪とした。

西軍の総大将に祭り上げられた毛利輝元は安芸百二十万石から周防・長門三十七万石

に、合戦のきっかけを作った上杉景勝は会津百二十万石から米沢三十万石に減封された。東西両軍、どちらに味方するか態度を明らかにしなかった佐竹義宣《さたけよしのぶ》が、常陸《ひたち》五十四万石から秋田二十万石に減封されたという事例すらある。

そのような情況で、島津氏の所領安堵は異例であった。事実上、処分なしである。

さらに家康は、慶長十一年（一六〇六）、忠恒に「家」の字を与え「家久」と改名させている。家康は天下掌握を意識する前に縁者や家臣に「家」の字を授けたことはあったが、天下を意識してからは、「家」の字は徳川宗家の通字《つうじ》、将軍が使う諱《いみな》と位置づけ、大名には授けなくなっていた。歴代将軍もこれを踏襲《とうしゅう》し、偏諱授与《へんきじゅよ》の際には下の字を授けた。島津光久《みつひさ》・徳川光圀《みつくに》（水戸）・前田光高《みつたか》（加賀）らが、三代将軍家光から「光」を授けられている。このように下の字を授けられた例はたくさんあるが、「家」の字は島津忠恒だけである。当時、これはたいへんな名誉なことであった。

また慶長十四年には、家久（忠恒）に琉球出兵を許可し、琉球国を島津氏に授けた。減封・所領安堵どころか、琉球国十二万石が島津氏に加増されているのである。

島津はなぜ優遇されたのか

家康がなぜ島津を優遇したのか、その理由は定かではない。

朝鮮出兵が始まることを明に伝えた許儀後らは「(島津は)東海道と内通して謀反をおこそうとしていた」と言っている。反豊臣、朝鮮出兵を止めるために家康は島津義久と手を組んでいた、文書などには出てこない裏の繋がりがあった可能性がある。許儀後が出兵情報を明に漏らしたことが秀吉にばれ、煮殺されそうになった時に家康が許を助けている。少なくとも、家康は島津が明と太いパイプを持っていたことは把握していたであろう。

また、家康は海外交易にも熱心であった。中国・東南アジアに赴く朱印船貿易にも力を入れ、ポルトガル・スペイン・オランダ・イギリスとの貿易も奨励した。特に、朝鮮出兵でずたずたになった明・朝鮮との関係、これを回復することに力を注いだが、明との国交回復は明と強い結びつきを持つ島津に頼るしかなかった。

慶長三年(一五九八)十二月、島津義弘が朝鮮から帰国した際、明将茅国器の弟国科を人質として連れてきていた。義弘は茅国科の身柄を寺沢広高《てらざわひろたか》に引き渡し、寺沢は伏見で家康にまみえさせた。家康は寺沢および島津に茅国科を明に無事に送り届けるように指示し、慶長五年一月、茅国科を薩摩坊津《ぼうのつ》（現南さつま市）の貿易商鳥原宗安《とりはらそうあん》の船で明に帰国させた。茅国科には、寺沢広高・島津義弘・忠恒連名で「大明総理軍務都指揮茅老爺（茅国器）」に宛てた書状が託されていた。それには「また前規のごとく、金印・勘合を以て往返を作すべし」（『旧記雑録』後編巻四十八）と、勘合貿易の復活を希望すると記されていた。これは家康の指示と思われる。

鳥原らは福建から北京に向かい明廷から歓迎されたという。この時、明側で対応に当たったのは張昂《ちょうこう》（孫次郎）であった（『島津国史』巻二十二）。彼はかつて薩摩に居住し、文禄二年（一五九三）福建軍門が薩摩に派遣した工作船で帰国、慶長三年朝鮮で茅国器・国科・史世用らとともに、島津義弘と日本軍の撤退交渉に従事した人物である。許儀後らが築いた明とのパイプはまだ活きていたのである。

家康の勘合貿易復活の願いは認められ、慶長六年、福州から二隻の船が派遣された。しかし、この船は硫黄島（現鹿児島県三島村）沖で堺の商人伊丹屋助四郎《いたみやすけしろう》に襲われ、乗員は殺害され、船は焼き沈められた。伊丹屋が略奪した積荷を密売しようとしたことから事件が露見し、伊丹屋は市来《いちき》（現いちき串木野市）で処刑された。

この事件により勘合貿易の復活は頓挫したが、家康はなお明との国交回復を願い続けていた。これを実現するには島津の協力が欠かせなかった。他の大名は明とのパイプを持っていないのである。だから、関ヶ原合戦後も家康は島津氏への処分を寛大にし、さらに優遇して自分の影響下に置こうとしたのであろう。

こうしてみると、家康が島津氏に琉球出兵を許したのも、明とより太いパイプを持つ琉球王府を島津氏の支配下に入れ、勘合貿易の復活を実現させようとしていたのではないかと思えてくる。

第七章　途切れた明とのパイプ

「国家間の交易」か「倭寇的状況」か

徳川家康と島津義久は、豊臣秀吉への反発と朝鮮出兵を止めさせたいという思いから手を組んでいた可能性が高い。また共に海外交易を積極的におこないたいという思いも抱いていた。

ただ二人の思惑には少しずれがあった。

まず家康だが、茅国科《ぼうこくか》を送還させた際に託した茅国器《こくき》宛の寺沢広高・島津義弘・忠恒の連署状に「また前規のごとく、金印・勘合を以て往返を作すべし」とあるように、勘合貿易のような国家間の交易をイメージしていた。国家が管理する貿易形態である。

だが義久は、島津氏が長年やってきたように、国家権力に縛られず、商人たちが自由に東シナ海を行き来して交易をおこなう状態がいいと思っていた。いわゆる「倭寇的状況」である。室町幕府が弱体化していた頃のように、中央の権力が地方に及ばない方が好都合で、自由な交易活動に制限を加える強い力を持つ国家権力の樹立は好ましくなかった。

秀吉の死後、家康が実権を握り始めた。茅国器に宛てた連署状も、当然、義久は見ていたであろう。少なくとも内容は知っていたはずである。これが実現すれば、自分たちの交易活動が制限される可能性があると危惧したのではないだろうか。家康が天下を取れば、情況は秀吉生存中と同じか、むしろ悪化する。交易の管理者が豊臣政権から徳川政権に変わり、しかも管理が強化される恐れがあった。豊臣政権内で主導権争いが続いている方が、自由な交易活動がしやすい。だから、義久は、家康の命に応じようとする義弘からの増援要請を無視したのであろう。

また、伊丹屋助四郎も、勘合貿易の復活、それに伴う海禁政策によって自由な交易活動が妨げられるようになることを恐れて明船を襲ったのかもしれない。

実際、関ヶ原合戦後に家康は海外交易を熱心に推進したが、その一方で秀吉時代に創設された朱印船制度、中国・東南アジアに向かう船に、秀吉・徳川将軍らの朱印を押した渡航許可書の携帯を義務づける制度を強化した。島津が派遣する船も当然その対象となった。義久の危惧は現実のものとなったのである。

岩生成一『新版　朱印船貿易史の研究』に、慶長九年から寛永十二年までに発行された朱印状の一覧が掲載されているが、それによれば岩生教授が確認できた派遣隻数は三百五十六隻におよぶ。その大半は京・大坂・堺・長崎などの商人であった。他に中国人やヨーロッパ人などもいる。大名も十人が朱印状を授けられており、最も多いのが島津忠恒の八隻なのである。

家康の死で一変した外交政策

島津義久は慶長十六年（一六一一）に、義弘は元和《げんな》五年（一六一九）に死去した。また徳川家康も元和二年に没した。

家康の死に伴って、幕府の外交政策は一変した。

家康は、イギリス・オランダに薩摩藩領の琉球に商館を設置することを許していたが、海外交易よりもキリスト教禁令を重視する秀忠はこれを撤回し、さらに宣教師の潜入を防ぐためにヨーロッパ船の来航地を長崎と平戸に限定した。またこの時、中国船の来航地も長崎に限定しようとしたが、島津氏をはじめ諸大名が強く反発したため、これを撤回した。

また、秀忠は、明との国交回復をさほど重視せず、交易も国家間の交流と切り離した民間レベルでの「通商」と位置づけ、これを管理していく方針に改めた。

三代将軍家光の代になると、さらに厳しい状況となった。

キリスト教に対する取り締まりがますます厳重になった。ヨーロッパ船で日本に向かうことができなくなった宣教師たちは、朱印船を日本潜入に利用するようになっていた。また、寛永五年（一六二八）には長崎の商人高木作右衛門が派遣した朱印船が、スペイン艦隊によって焼打ちされ、朱印状を奪われるという事件（メナム河事件）も起こっていた。朱印状の権威が穢《けが》される、将軍の権威が犯されると危惧した幕府は、取り締まりをより厳重にすると共に、朱印状に代わって老中奉書《ろうじゅうほうしょ》を渡海許可証とするようになった。

さらに寛永九年に大御所秀忠が死去し、家光親政がはじまると、海外交易に対する制限が強化された。まず、寛永十年、幕府は奉書船以外の海外渡航を禁止した。この時、薩摩藩・平戸藩に対し、領内での生糸交易に糸割符《いとわっぷ》制を適用する旨を伝達した。糸割符制とは、輸入された生糸の購入価格が長崎等で決定されるまで取引を禁止し、長崎等で決定した価格で購入するというものである。

次いで寛永十一年（一六三四）には、薩摩藩に対し唐船（中国船）の領内寄港を禁じ、来航した場合は長崎に回航するように命じた。寛永十二年には日本人の異国（中国・東南アジア諸国）への出国および、同地域に居住する日本人の帰国が禁止され、唐船の寄港地が長崎に限定された。そして同十六年にはポルトガル船の来航が禁止され、一般に言う「鎖国」体制が完成したのである。

姿を消した外国船・外国人居留区

徳川幕府の外交政策の変更により、薩摩の情況は激変した。

まず、南九州の海には多数の外国船が浮かんでいたが、寛永十一年に薩摩藩領内への唐船寄港が禁止されたことにより姿を消した。

ただ、この禁令は、琉球王府がおこなう進貢貿易は対象外とされていたので、琉球王国の領内には中国皇帝が派遣した冊封船《さくほうせん》は寄港し続けた。また琉球王府は中国式のジャンクを使用し、進貢船《しんこうせん》として中国に、上国船《じょうこくせん》として薩摩へ派遣していた。琉球王府が派遣するジャンク船は来航し続けたのである。さらに、中国や朝鮮などの船の漂着も続いた。宝永七年（一七一〇）の幕府巡見使への「御答書」（『島津家列朝制度』巻五十四）には

「年中に唐船五艘・十艘その余も漂着候」とある。これは表向きの数字で実数はもっと多く、中には漂着に名をかりて貿易のために入港した船もあったと考えられている。それでも、寛永十一年以前の情況に比べれば微々たるものであった。

また、各地に形成されていた外国人居留地もなくなった。

薩摩に居住していた外国人がどうなったのか、まとまった記録はない。長崎では、交易制限が厳しくなった際、帰国したい者は帰国するように指示されていた。帰国した者が貿易のために再び長崎に来ることは許されたが、居住は禁止された。また帰国せず長崎に留まる者もいた。陳冲一を祖とする潁川《えがわ》氏、林公琰《りん》を祖とする林《はやし》氏、劉《りゅう》煜台を祖とする彭城《さかき》氏など代々唐通事を務めた家などがその代表例である。彼らは中国姓から日本の姓に改めているように、同化が促された。

薩摩に居住していた外国人も同じように、帰国したい者は帰国させたのであろう。ただし、帰国したら再び薩摩に戻ってくることはできなかった。また、日本に留まることを選択した場合、鹿児島に居続けるか長崎に移り住むかという選択肢があった。

先に紹介した長崎の唐通事潁川家は、鹿児島から長崎に移った一族である。潁川家の祖・陳冲一は福建省漳州府龍渓県（現竜海市）の出身で、医学を学び薩摩に渡り島津氏に仕えたという。彼は楠木正成の末裔・隅屋藤九郎の娘を娶って二男一女を儲け、長男陳隆道（潁川藤左衛門）は長崎に移り住み、福済寺《ふくさいじ》（一六二八年建立）という唐寺を建て、石橋を寄進したという。また弟の藤右衛門は鹿児島に留まり、禄高三千石をもって島津氏に仕えた。潁川家の家紋は楠木正成にあやかって菊水紋だという（宮田安『唐通事家系論攷』）。

鹿児島にも潁川《えがわ》姓がある（長崎は「潁」、鹿児島は「頴」）。長崎の潁川家が伝える三千石というような記録はないが、鹿児島の頴川家にも、祖は沈一貫（陳と沈は発音が同じ）で、医師として島津家に仕え、楠木正成の思い女であったスガと結婚した。一貫は長崎にも往来し、長崎に中国式の寺を建てた。一貫の墓には菊水紋が彫られていたという伝承がある（永徳縁峯『薩摩医学史』）。交流が途絶えていた長崎の潁川家と鹿児島の頴川姓、この両家に似たような話が伝わっているというのは、伝承が事実に近いことを物語っている。

また、明に出兵情報を伝えた郭国安《かくこくあん》の子孫や、鹿児島城の築城の際に吉凶を占った黄《こう》友賢《ゆうけん》の子孫は、そのまま島津家に仕えた。ただし、長崎の唐通事家と同様、郭の子孫は汾陽《かわみなみ》と、黄の子孫は江夏《こうか》と姓を変えている。子孫は代々島津家に仕え続けたが、二世・

三世となるにつれ母国中国との関係は薄れ、やがて消え去ってしまったのである。

明清交替

徳川政権が海外交易の統制を強めていた頃、中国側の情況も大きく変化していた。明は「北虜南倭《ほくりょなんわ》」と言われるように、建国当初から北方の遊牧民と、南方の倭寇《わこう》の対策に悩まされ続けていた。十六世紀末にはポハイの乱（明の北西部寧夏《ねいか》での反乱）や豊臣秀吉の朝鮮出兵があり、十七世紀には東北アジアで女真《じょしん》族が台頭してきた。女真族を率いるヌルハチは、一六一六年に後金を樹立、後金は後に国号を清《しん》と改め、明への圧力を強めた。

当時、明国内でも政争が繰り返され、地域間・階層間の格差が拡大し民衆が不満を募らせていた。そのような状況下、一六二八年、陝西《せんせい》省で大規模な飢饉《ききん》が発生し、これを機に農民の反乱があいついだ。その反乱を束ねた李自成《りじせい》が明を滅ぼし、さらに清が李自成を倒して北京に遷都し、中国を支配するようになったのである。

その後、明の遺臣たちが南明を樹立し清へ抵抗し続けた。南明は、一六六一年清に攻め滅ぼされたが、南明の武将鄭成功《ていせいこう》が台湾を制圧し、台湾を拠点に反抗を継続した。その反抗は鄭成功の孫克塽《こくそう》が清国に降伏する一六八三年まで続いた。

南明が拠点とした浙江・福建・広東は、倭寇の拠点だったところで、日本との結びつきが強い地域であった。また鄭成功は日本と深い関係を持っていた。成功の父芝龍《しりゅう》は福建省泉州府の出で、日本との交易に係わって平戸に移り住んでいた。そこで平戸藩士田川七左衛門の娘マツと出会い生まれたのが成功であった。こうしたこともあり、南明・鄭政権は日本に繰り返し援軍派遣を要請した。

薩摩藩に対しても、正保二年（一六四五）に水軍都督・周鶴芝が請援の使者を派遣している。周鶴芝は若い頃は海賊（倭寇）で、島津氏と父子の交わりを結んでいたという（『鹿児島県史』第二巻）。

しかし、一六四五年に南明政権の拠点・南京が、翌四六年に福州が清に攻め落とされた。それを知った幕府は、正保三年十月二十一日、老中阿部重次・同忠秋・松平信綱連名で、薩摩藩主島津光久に対し「平戸一官（鄭芝龍）より加勢の儀につき書翰到来候」と派兵依頼が来たが、「福州落居」「しかる上は兎角《とかく》の儀に及ばす」と、派兵に応じない方針を伝え薩摩藩もそれに従うように指示している（『旧記雑録』追録巻二）。また、琉球王府も南明と清のどちらに付くか振り回される状況が続いたが、寛文三年（一六六三）

に清の冊封を受け入れた。

明からの最後の渡航者たち

この明清交替の際、戦乱を逃れ、あるいは異民族国家である清に支配されることを嫌って、数多くの中国人が難民となって薩摩に来ている。

『庄内地理誌《しょうないちりし》』巻十四、庄内（現宮崎県都城市）の唐人町の項に、

日本正保のころ、韃靼《だったん》より大明の代を亡ぼさんと、明国一同に騒ぐ、この乱を避けんがため、広東省潮州より船を出して海上道規八百余里の風波に便りて、一官何欽吉《かきんきつ》・天水《てんみず》二官・江夏《えなつ》生官・清水新老・汾陽青音などといへる明人、隅州内之浦に入津したるものども都城に召し寄せ、唐人町に居置る

と、正保年間（一六四四〜四八）頃、何欽吉らが明清交替時の戦乱を避けるため広東省潮州（現潮州市）を出港、内之浦に上陸し、後に彼らは都城に呼び寄せられて唐人町が出来たとある。内之浦は、最初に紹介した藤原惺窩《せいか》が訪れ、文禄二年（一五九三）に

福建軍門許孚遠《きょふえん》が派遣した工作船が入港したところである。工作船が通って来たような海路を、今度は明の難民何欽吉らが通って逃れてきたのである。

この時、彼らは中国の航海の女神媽祖《まそ》を携えてきていた。『庄内地理誌』には、江夏家に伝わる媽祖像と随神の千里眼《せんりがん》・順風耳《じゅんぷうじ》像が掲載されている。

また笠沙（現南さつま市）の林《はやし》家には、先祖は福建省莆田《ほでん》（現莆田市）の出身で、鄭成功に仕える武将であったが、鄭氏没落後、薩摩に逃れ、干拓の技術で島津家に仕えたという家伝がある（志學館大学・原口泉教授教示）。また同家にも明代の媽祖像が伝来していた。

薩摩藩は、十七世紀半ばから十八世紀前半にかけて、大規模な土木事業を次々とおこなっている。鹿児島城下の埋め立ておよび甲突《こうつき》川の付け替え（十七世紀後半か）、三万四千石もの増高を生み出した東串良開田《ひがしくしらかいでん》（一六五八～八一年）、国分（現霧島市）の天降《あもり》川の付け替え（一六六二～六六年）、川内《せんだい》川河口部での長崎堤防建設（現薩摩川内市、一六七九～八七年）などである。これらの現場は、かつて海外交易拠点や中国人居留地があった所に近く、今も近くに「唐仁町」「唐人町」「唐坊」などの地名が残されている。明清交替直後に大規模な、しかも難しい土木事業が行われるようになったのは、笠沙の林氏のように、難民として逃れてきた中国人の中には、土木技術に長《た》けた者も含まれていたからではないだろうか。

さらにこの時代、土木奉行として活躍した汾陽《かわみなみ》光東は、明に出兵情報を伝えた郭国安（汾陽理心《りしん》）の孫か曾孫である。光東の墓は鹿児島市冷水《ひやみず》町の興国寺墓地の郭国安と同じ区画内にある。帰化明人の子孫である光東は中国人技術者を束ねるような立場だったのかもしれない。

それはともかく、かつて薩摩と強い繋がりを持っていた明という国は滅んだ。また薩摩と関係を持っていた人たちも中国からいなくなった。中国側にも薩摩と繋がるパイプがなくなってしまったのである。

エピローグ

戦国時代、室町幕府の衰退とともに、武田信玄や上杉謙信、織田信長、豊臣秀吉、徳川家康ら戦国武将たちが己の権力・支配地域を拡大するためにしのぎを削り、天下統一を目指して戦い続けてきた。一般に戦国時代を語る時、この日本国内で繰り広げられたストーリーで語られることが多い。

だが、これと同時並行で、国家権力の呪縛から解き放たれた人たちが、大海原をまたいで自由に海外交易をおこなっていた。これに明の海禁政策に反発する外国人たち、アジアに進出してきたヨーロッパ人たちが加わった。日本と中国・東南アジア、さらにヨーロッパの国々との間では、国家間のネットワークはうまく機能せず、主として多国籍の武装商人（倭寇《わこう》）たちによる民間ネットワークによって交流・交易がおこなわれていた。「倭寇的状況」である。そして、その恩恵を最大限に受けていた大名が島津氏であった。

天下統一に向けた動きは「倭寇的状況」を終わらせる動きでもあり、その維持、国家権力の呪縛を嫌い、自由な海外交易を望む島津氏は、中国と手を組み、豊臣政権の打倒と朝鮮出兵の終了をめざした。

一方、明側も十六世紀には帝国崩壊の兆しが表れはじめていた。朝鮮出兵も明清交替につながる帝国の崩壊の流れの一部ともいえる。明はこの流れを止めるため、同じ帝国への反逆行為をとる倭寇を利用し、島津氏と手を組んで事態打開を図った。

両者の連携は、日本軍の朝鮮撤退へと繋がったが、日本での統一政権樹立、明帝国の崩壊の流れを止めることはできなかった。

島津氏は、豊臣政権を引き継いだ徳川政権の政策で、自由な交易活動ができなくなり、琉球王国と明（清）皇帝の間でおこなわれる朝貢貿易（琉球口貿易）に活路を求めざるを得なくなった。また徳川政権も、当初は島津氏を利用して勘合貿易の復活を図ったが、倭寇的状況の継続を望む者たちに妨害され、やがて交易は民間レベルの交易でよいと位置付けた。江戸時代、徳川政権から明（清）皇帝へ使者を派遣することもなかったし、またその逆もなかった。長崎に来航した中国船は、すべて商人たちが個々に派遣したものであった。

国家権力を復活させ、室町将軍がおこなっていたような勘合貿易の再開を望んだ徳川幕府は、これを実現できずに民間レベルでの交易をおこなった。逆に、戦国時代に民間レベルでの交易の恩恵を受け続けていた島津氏は、この継続を断念して、国家間の交易に活路を見いだすという、なんとも皮肉な逆転現象が生じてしまったのである。

あとがき

私は福岡生まれの福岡育ち。鹿児島には縁もゆかりもなかった。ただ、子供のころから歴史が好きで、好きになればなるほど、鹿児島に対して強いあこがれを抱くようになっていった。というのも、歴史の本を読んだり、ドラマを見たりしていると、島津義弘や西郷隆盛・大久保利通ら鹿児島出身者の活躍が目につく。幕末・維新期も、薩摩藩の動き抜きには語ることができないからである。また、実家の近くにあった立花山城が、対島津の最前線基地のような存在だったこともある。

それで、歴史を学ぶなら鹿児島でと鹿児島大学に入学し、卒業後は縁あって旧薩摩藩主家の島津家が運営する歴史博物館「尚古集成館」で働くことになった。そして鹿児島の歴史・文化を調査・研究するようになり、四十年あまりの歳月が流れた。この間、アレっと思うこと、驚きの連続であった。調査・研究をすればするほど、「自分が鹿児島のことを誤解していた。また多くの人が誤解している」という思いが強くなっていったのである。

まず、福岡時代に抱いていた鹿児島に対するイメージは、日本の辺境・田舎。文化とか技術は京都とか江戸で生み出され、それが地方に広まっていく。遠く離れた鹿児島は最後に伝わってくるような所、薩摩は武の国で文化や技術はあまり顧みられず、閉鎖的で、文化・技術水準も低い劣った所だとイメージしていた。

しかし史料が語る鹿児島の歴史・文化は違っていた。日本国内だけ見ていると、確かに隅っこにある田舎だが、隅っこにあるということは外国と接しているということでもある。海外交易の窓口というと長崎がイメージされがちだが、これは十七世紀に徳川幕府がそう位置付けただけで、それ以前は鹿児島も海外交易の窓口であった。鹿児島は世界情勢の変化を真っ先に受けるような所で、異国情緒あふれる文化が育まれていた。世界に向かって開かれ、文化水準も技術水準も高かったのである。

その歴史・文化は、プロローグで記したように、京都などでは想像できないようなものであった。日本から一歩、世界にはみ出したような感じで、日本国内だけの動きを追っていると本当の姿は見えてこない。誤解されやすい。実際、自分自身が誤解していたし、いまも誤解されていると感じることが多々ある。それを是正したいという思いで、第三章の「海洋国家薩摩」や第四章の「西欧との出会い」を書かせていただいた。

また、島津と徳川の関係も、両家は仲が悪いと思っていた。しかし実際は良好な関係を維持していた。島津家は将軍家に御台所を送り込んだ唯一の大名家であり、維新後も繰り返し血縁関係を結んでいた。そうした中で気になったのが、家康の島津に対する異常な厚遇ぶりであった。

家康は、関ヶ原合戦終了後、西軍に味方した大名たちに対し死刑・改易、あるいは大幅な減封・転封など厳しい態度で臨んだにも拘《かかわ》らず、島津に対しては所領安堵。処分なしである。しかも後に琉球出兵を認めている。事実上の加増である。さらに島津忠恒に対して諱の「家」の字を与え家久と改名させている。家康は天下を掌握して以来、「家」の字は徳川宗家・将軍が使う特別なものとして、尾張徳川家などの御三家、前田家・伊達家など有力な大名にも与えていない。それを島津氏には授けている。

よく、家康が関ヶ原合戦時の島津勢の凄まじい撤退ぶりを見て、島津と戦うと多大な損害を被る可能性があるから許したとか、豊臣家がまだ存続していたから処分を見送ったとか言われたりするが、それではうまく説明できない。当時の島津家史料の中にも、徳川方が攻めてきたら勝てる見込みは百に一つもないとある。まして、琉球出兵を認める必要も、諱を授ける必要もない。何かもやもやとした気持ちを抱いている状態が続いていた。

そうした最中、薩明合力計画の研究が進み、また関係史料がデジタルアーカイブで閲覧できるようになったことを知り、何気なく『全浙兵制考』に収録された許儀後らの通報をみていた。すると「薩摩国君臣黙議串通東海道」（薩摩国の君臣が東海道と謀反計画を密議していた）という文字が目に留まった。「東海道」は家康しか考えられない。反豊臣で徳川と島津が手を組んでいたとなると、家康の島津に対する優遇ぶりも理解できる。それで改めて朝鮮出兵時の島津の動き、そして徳川と島津の関係を見直して本書を著した次第である。

なお、関ヶ原合戦前後の家康の島津への優遇ぶりに対して、同じように疑問を感じられていたのが東京大学史料編纂所の山本博文教授である。二十数年前、山本教授が『島津義弘の賭け』を執筆されている時、一緒に鹿児島県内の史跡を巡った時にもこの話がでた。また、亡くなられる少し前、二〇一九年の十一月に館を訪ねてこられた時、「徳川と島津は反豊臣で手を組んでいたらしい。近々、それをまとめた本を出す予定だ」とお伝えすると、「楽しみにしています」「自分も新潮新書で『関ヶ原」の決算書』を出す予定です」とおっしゃり、そして「また皆で飲みながらお話ししましょう」と言ってお別れした。山本教授にぜひ読んでいただきたい本であった。

本書刊行に当たっては、新潮社の三重博一執行役員、阿部正孝編集長、安河内龍太氏、経営倫理実践研究センターの萩原誠氏、鹿児島創研の宮島孝男氏に大変お世話になった。この場を借りて感謝いたします。

２０２２年７月

松尾千歳

主要参考文献

荒野泰典　『「鎖国」を見直す』岩波書店、二〇一九年
荒野泰典編　『日本の時代史14　江戸幕府と東アジア』吉川弘文館、二〇〇三年
荒野泰典・石井正敏・村井章介編　『日本の対外関係4　倭寇と「日本国王」』吉川弘文館、二〇一〇年
荒野泰典・石井正敏・村井章介編　『日本の対外関係5　地球的世界の成立』吉川弘文館、二〇一三年
李啓煌　『文禄・慶長の役と東アジア』臨川書店、一九九七年
池享編　『日本の時代史13　天下統一と朝鮮侵略』吉川弘文館、二〇〇三年
石原道博　『倭寇』吉川弘文館、一九六四年
岩生成一　『新版　朱印船貿易史の研究』吉川弘文館、一九八五年
宇田川武久　『東アジア兵器交流史の研究』吉川弘文館、一九九三年
長節子　『中世　国境海域の倭と朝鮮』吉川弘文館、二〇〇二年
岸野久　『ザビエルと日本』吉川弘文館、一九九八年
岸野久　『西欧人の日本発見』吉川弘文館、一九八九年
北島万次　『壬辰倭乱と秀吉・島津・李舜臣』校倉書房、二〇〇二年
桐野作人　『関ヶ原　島津退き口――敵中突破三〇〇里』学研、二〇一〇年
黒嶋敏　『琉球王国と戦国大名』吉川弘文館、二〇一六年

主要参考文献

五味克夫『戦国・近世の島津一族と家臣』戎光祥出版、二〇一八年
田中健夫『倭寇』教育社、一九八二年
豊見山和行編『日本の時代史18　琉球・沖縄史の世界』吉川弘文館、二〇〇三年
中野等『豊臣政権の対外侵略と太閤検地』校倉書房、一九九六年
新名一仁『島津貴久』戎光祥出版、二〇一七年
新名一仁『島津四兄弟の九州統一戦』星海社、二〇一七年
新名一仁編『中世島津氏研究の最前線』洋泉社、二〇一八年
野口実『列島を翔ける平安武士――九州・京都・東国』吉川弘文館、二〇一七年
平川新『戦国日本と大航海時代』中央公論社、二〇一八年
増田勝機『薩摩にいた明国人』高城書房、一九九九年
三木聰『伝統中国と福建社会』汲古書院、二〇一五年
村井章介『アジアの中の中世日本』校倉書房、一九八八年
柳原敏昭『中世日本の周縁と東アジア』吉川弘文館、二〇一一年
山本博文『島津義弘の賭け』読売新聞社、一九九七年
山本博文『鎖国と海禁の時代』校倉書房、一九九五年
山本博文『寛永時代』吉川弘文館、一九八九年
山本博文『「関ヶ原」の決算書』新潮社、二〇二〇年

松尾千歳　1960（昭和35）年福岡県生まれ。鹿児島大学法文学部卒業。尚古集成館館長、鹿児島大学非常勤講師、鹿児島国際大学非常勤講師。著書に『西郷隆盛と薩摩』、共著に『鹿児島県の歴史』など。

Ⓢ新潮新書

964

秀吉《ひでよし》を討《う》て
薩摩《さつま》・明《みん》・家康《いえやす》の密約《みつやく》

著　者　松尾千歳《まつおちとし》

2022年8月20日　発行

発行者　佐　藤　隆　信

発行所　株式会社 新潮社

〒162-8711　東京都新宿区矢来町71番地
編集部(03)3266-5430　読者係(03)3266-5111
https://www.shinchosha.co.jp
装幀　新潮社装幀室

印刷所　錦明印刷株式会社

製本所　錦明印刷株式会社

ISBN978-4-10-610964-5　C0221

Ⓢ新潮新書

922 ビートルズ　北中正和

グループ解散から半世紀たっても、時代、世代を越えて支持され続けるビートルズ。音楽評論の第一人者が、彼ら自身と楽曲群の地理的、歴史的ルーツを探りながら、その秘密に迫る。

932 大坂城 秀吉から現代まで 50の秘話　北川央

秀吉は本当はどんな顔だった？　淀殿の恋のお相手は？　秀頼は大坂の陣後も生きていた？　そして最後の将軍・徳川慶喜がここで過ごした日々とは——知られざる歴史秘話満載！

933 ヒトの壁　養老孟司

コロナ禍、死の淵をのぞいた自身の心筋梗塞、愛猫まるの死——自らをヒトという生物であると実感した2年間の体験から導かれた思考とは。84歳の知性が考え抜いた、究極の人間論！

939 親鸞と道元　平岡聡

ともに斬新かつ独創的な教えを展開した親鸞と道元。しかし「念仏と坐禅」「救いと悟り」など、両者の思想は極めて対照的。多様で寛容な日本仏教の魅力に迫り、宗教の本質を問う。

941 背進の思想　五木寛之

ひたむきに「前進」するだけが、生きるということではない。人間は記憶と過去の集積体なのだ。時には、後ろを向きながら前へ進む——混迷の時代を生き抜く〈反時代的〉思考法。

Ⓢ新潮新書

943 首相官邸の2800日 長谷川榮一

サミットや米中との首脳外交、ゴーン事件、コロナ対応……総理補佐官・内閣広報官として、憲政史上最長を記録した安倍政権の7年9カ月を支えた官邸での日々を振り返る。

763 神武天皇vs.卑弥呼 ヤマト建国を推理する 関裕二

「神武天皇は実在していないでしょ?」。そこで立ち止まってしまっては、謎は永久に解けない。『日本書紀』と考古学の成果を照らし合わせて到達した、驚きの日本古代史!

495 「忠臣蔵」の決算書 山本博文

潜伏中の家賃、飲食費、会議費、そして武器購入費——大石内蔵助はあの「討ち入り」の費用詳細を帳簿に遺していた。一級史料をもとに歴史的大事件の深層を「金銭」から読み解く。

541 歴史をつかむ技法 山本博文

私たちに欠けていたのは「知識」ではなく、それを活かす「思考力」だった。歴史用語の扱い方から日本史の流れのとらえ方まで、真の教養を歴史に求めている全ての人へ。

859 「関ヶ原」の決算書 山本博文

天下分け目の大いくさ、東西両軍で動いた金は総額いくら? ホントは誰が得をして、誰が損をしたのか? 『「忠臣蔵」の決算書』に続き、日本史上の大転換点をお金の面から深掘り!